거제도 섬마을 섬사람 이야기

거제스토리텔링협회 지음

도서출판 경남

서문

서 한 숙
거제스토리텔링협회 대표

　기억을 되살려 한 줄 한 줄 풀어놓는 거제사람들의 이야기가 끝이 없다. 먼 그리움이 고향의 풍경과 더불어 사람이 살다가 흔적으로 여기저기 되살아난다. 그 이야기의 중심은 언제나 거제도다. 한때 외딴 섬이었기에 생겨난 애환들이 자자손손 들려주는 옛이야기로 남아 반짝반짝 윤슬처럼 눈부시다.

　철썩이는 파도를 따라 가만가만 귀를 귀울여보자. 섬마을 파도소리 같은 이야기가 쏠쏠한 재미를 더한다. 섬에서 나고 자란 섬사람의 이야기도 있고, 살다 살다 섬이 좋아 섬사람으로 거듭난 사람의 이야기도 있다. 이 모두 오래전 아주 오래전부터 거제도를 고향으로 품고 사는 사람들의 살아있는 이야기다. 마치 어둠을 밝히는 등대처럼 깜빡이던 이야기가 한데 모여 드라마처럼 펼쳐진다.

거제스토리텔링 12집《거제도 섬마을, 섬사람 이야기》는 모두 25편의 따끈따끈한 작품들로 펴낸다. 한상균, 심인자, 옥형길, 김철수, 옥순룡, 김도원, 김주근, 고혜량, 옥은숙, 이경자, 김순도, 김임순, 최대윤, 우광미, 전기풍, 황수원, 최명상, 이승철, 이성보, 김명옥, 옥영기, 김현길, 옥치군 등 거제 작가들께 고개 숙여 감사드린다. 특히 거제스토리텔링 12집을 발간하기까지 보조금(선정)으로 지원한 경남문화예술진흥원과 광고협찬으로 지원한 신현농협(조합장 박현철), 거제축산농협(조합장 옥방호)에도 깊이 감사드린다.

2024. 12.

| 차례

002　　**서문** 서한숙(거제스토리텔링협회 대표)

Story 1

008　　가을, 그리고 섬꽃축제 ― **한상균**
018　　바다 찾기 ― **심인자**
023　　그 시절 농가의 부업은 새끼 꼬기였다 ― **옥형길**
028　　고등학교 졸업한 지 반세기가 지났으니 ― **남송우**
040　　황덕도黃德島 ― **김철수**
050　　개숲끝 이야기 ― **옥순룡**
055　　포구나무에 깃든 추억 ― **김도원**
063　　추억의 가설극장 ― **김주근**
069　　정들면 고향이지! ― **옥은숙**
073　　술래의 굴레 ― **고혜량**
080　　고향 아닌 고향이 된 덕포 ― **이경자**
089　　아들과 딸의 고향이 된 거제 ― **김순도**

Story 2

124	장승포, 여기 어때? —	**김임순**
145	보이는 것 너머, 둔덕기성 —	**우광미**
151	서불약수터 —	**전기풍**
155	정원 라이프 —	**황수원**
162	사랑하면 보이는 것들 —	**최명상**
169	기성현지岐城縣址 발굴 이야기 —	**이승철**
178	헌신과 치유의 숨결로 피운 꽃 —	**최대윤**
186	근세에 거제를 빛낸 인물 —	**이성보**
194	거제수산별신굿 —	**김명옥**
198	거제도 20포 마을 해안길을 따라서 —	**옥영기**
208	바다 수영할 줄 아세요 —	**김현길**
215	거제도 의령옥씨 장학회를 찾다 —	**옥치군**

Story 1

한상균

가을, 그리고 섬꽃축제

내가 기억하는 가을은 낫 들고 나락을 베는 것으로 시작된다. 오수, 명진, 거제를 돌아 송곡, 내간, 외간을 건너 귀목정, 화원, 사슴골, 뒷뫼로 이어지는 거제면 들판은 거제시에서 가장 규모가 크다. 이곳 들판이 온통 황금빛으로 물이 들면 완연한 가을이다. 옛적 어르신들은 들녘에 첫서리가 내릴 때쯤이면 나락 벨 때가 됐다고 하셨다.

집집마다 추수 열기로 넘쳐난다. 추수는 나락 베기가 첫 순서다. 베기를 한 나락은 이삼일 논에 그대로 깔아두면 이삭이 잘 마른다. 나락 걷기부터는 품앗이에 들어간다. 논바닥에 깔아놓은 나락은 빨리 단으로 묶어 타작마당에 쌓아야 하기 때문이다. 일단 단으로 묶어두면 나머지는 남자들의 몫이니까 어머니는 하루 이틀 품앗이를 나갈 수 있다.

　타작마당에 타작 준비가 되었더라도 탈곡기가 도착해야만 타작을 할 수 있다. 말리고, 걷어서 타작 준비하고 나면 이제는 탈곡기가 논까지 도착할 때까지 기다려야 한다. 타작은 정미소 업체에서 탈곡기를 논으로 짊어지고 다닌다. 타작할 논은 순서가 밀리고 타작 능력은 한계가 있었던 탓이다. 논 위치가 멀었던 우리 집 타작은 주로 밤에 이뤄졌다. 멀었던 이유 외에도 일손이 부족해서 동생과 내가 학교 수업을 마치고 거들어야 했기 때문이다.

　탈곡작업은 단시간에 손이 가장 많아 기는 공정이다. 쌓아 놓은 볏단을 탈곡기 옆으로 붙여주고, 벼를 가마니에 담아내야 하는 손길이 계속돼야 한다. 또 짚단을 옮기는 일도 동시에 이뤄져야 한다. 한 공정이라도 적체되면 난리를 친다. 우리 형제가 담당하는 작업은 탈곡기 뒤로 짚단 던지는 일이다. 최대한 재빠르게 뒤로 옮겨야 한다. 짚단이 얼굴을 때리기도 한다. 그러나 촌각도 멈출 수 없다. 타작이 끝날 때쯤이면 우리는 녹초가 되고 만다. 짚단 속을 파고 들어가 잠에 곯아떨어진다.

어머니가 아침밥을 이고 오셔서 깨울 때면 이미 새날이 밝았다. 가정실습 시기와 맞춰지면 짚 볏가리를 만드시는 아버지의 조수로, 어머니의 키질을 돕는다. 쭉정이와 불순물이 가려져 알곡만 가마니에 담는 작업이 이때 이뤄진다. 집으로 운반하는 것도 보통 힘든 일이 아니다. 300여 미터나 떨어진 신작로까지 볏 가마니를 옮겨놔야 리어카로 운반이 가능하다. 더 이전에는 지게로 져 날라야 했단다. 아버지께서 이곳까지 지게로 날라주시면 주시면 동생과 나는 리어카로 집까지 실어날랐다. 거의 모든 가정이 비슷한 처지였다.

이맘때면 어머니께서 꼭 들려주시는 얘기가 있었다. 추수 때만 되면 하신 얘기지만 꺼내시기도 전에 웃음부터 참느라 애를 쓰셨다. 이웃집 아저씨 한 분을 삯 군으로 샀단다. 논이 집까지는 너무 멀어 삯 군 없이 불가능했기 때문이었다. 가을걷이 때마다 우리 집 단골이셨던 윤 씨 아저씨는 논으로 가기 전 먼저 집으로 오셔서 할머니께 인사를 드리는 것이 첫 순서였다. 분명히 이유가 있었다.

"어머니, 저 왔습니다. 농주 있지요." 내가 중학교 1학년 때 지병 없이 88세로 하늘나라로 가신 할머니는 당시만 해도 무엇이든지 손맛이 소문난 분이셨다. "있고 말고, 무거운 등짐을 져야 할 사람인데 주고 말고." "어머니, 술 맛보고 나니 한 잔은 안 되겠습니다." "그래, 윤 서방, 자시는 것은 아깝지 않지만 조심하시게."

　식전부터 두 사발을 연거푸 들이켜신 아저씨는 볏가마 한 섬짜리를 지겠다고 호기를 부리셨단다. 당시는 가마니를 직접 짜서 사용하던 시절이라 우리 집에서는 농한기에 부모님이 아랫방에 가마니 틀을 차려 놓고 가마니를 직접 짰다. 섬 가마니는 보통 가마니의 2개 분량의 가마니다. 결국은 고랑을 건너다 처박히고 말았단다. 두어 시간 주무시고 난 후에야 일을 할 수 있었다는 얘기였다.
　이렇게 운반한 벼를 잘 말려 곳간에 쌓아야 가을 추수는 마무리된다. 가을 내내 추수 전쟁을 치르고, 보리 심는 것까지 마치면 가을이 저문다. 내가 기억하는 가을은 별로 유쾌한 계절이 아니다. 어린 나에게도 골병이 드는 가을이었는 데 부모님들은 오죽하셨을까. 아직도 가을은 천고마비와는 거리가 먼 계절로 남아 있다.

거제 섬꽃 축제 행사장

그렇지만, 어린 마음에도 부모님을 도와 드려야 한다는 마음이 앞섰던 것 같다. 후회는 눈꼽만치도 없다.

언제부터인가 거제의 가을 분위기는 섬꽃축제로 바뀌었다. 황금 들판의 벼 추수는 기계화로 바뀐 지 오래다. 베고, 말리고, 걷고, 타작, 운반 과정이 농기계로 일원화돼 날씨만 좋으면 10여 일이면 추수를 끝낸다. 벼 말리기도 건조기로 해결한다. 소농은 거의 없어졌고 농사는 전업농으로 탈바꿈했다. 추수 전쟁을 벌였던 그 장소는 꽃 물결이 넘실대고 땀과 지푸라기를 둘러썼던 부모님들은 대신 축제장 관람객으로 변했다. 가을걷이가 시작되면 허리 펼 시간도 아까워하셨던 부모님들이신데 축제장에서 뵐 수 있다는 것은 큰 축복이다.

올해 축제는 '꽃을 찾아 떠나는 치유 여행'이라는 주제를 달았다. 예년과 달리 국화꽃이 제대로 피지 않아 많이 서운했다. 섬꽃축제

거제 섬꽃 축제 또 올거제

라지만 가을꽃은 국화가 으뜸이다. 옛 선비들께서는 '매란국죽'을 사군자라 구별하면서 그 속에 국화를 넣었다. 시화에도 국화, 도자기에도 국화를 새겼다. 거제섬꽃축제 역시 첫 행사 때부터 국화 중심축제였다. 서정리 입구 삼거리는 국화탑이 세워졌고, 축제장의 대표적인 상징물 기성관은 온통 국화로 장식했다. 노랑, 빨강, 분홍, 하얀 국화꽃을 입히는 것으로 세웠지만 초록의 꽃잎 옷을 입혔다.

그래도 상징물은 신선하게 다가왔다. 남부내륙철도 거제종착역 유치 염원을 담은 남부내륙기관차에도, 1만 4,000여 명의 피난민을 장승포로 실어날라 크리스마스의 기적을 이뤄낸 메러디스 빅토리호도 역시 국화다. 지난해 국화는 축제 기간 중간쯤에라도 폈는데 이번 축제는 끝마칠 때까지 봉오리만 봤다. 거친 손길로 준비한 이들의 애타는 심장 소리가 꽃봉오리로 느껴진다.

거제사또부임행차 재현 행사

대신 국화 화분, 해바라기, 메리골드, 백일홍, 핑크뮬리, 코스모스가 만발한 동산은 그윽한 꽃향기로 넘쳐난다. 국화 분재와 한국춘란 작품은 보는 이들의 감성을 움직인다. 지역 전문가들이 직접 가꿔낸 작품이기 때문이다. 국화분재전시회는 회를 거듭할수록 거대한 작품을 선보인다. 한국춘란의 시배지가 거제라는 자부심에 한국춘란전시회도 해를 거듭한 지 오래다.

또한 8년 만에 재개된 거제사또부임행차 재현도 색다른 볼거리로 기억된다. 이에 거제면이 조선 관아 유적지라는 사실에 자긍심을 갖는다. 동헌은 없어졌지만 부속건물 질청과 기성관이 남아 있다. 질청이 행정사무소라면, 기성관은 거제 7진을 통할하는 삼도수군 거제본영이다. 부산진첨절체사 정발 장군, 임진왜란 당시 부산진성을 고수하다 왜군의 총탄에 전사했다. 정발 장군이 거제 현감으로 재임했다는 사실을 아는 사람은 그리 많지 않을 것 같다. 정발 장군은 1579년 무과에 급제한 무신이다. 해남 현령을 거쳐 거

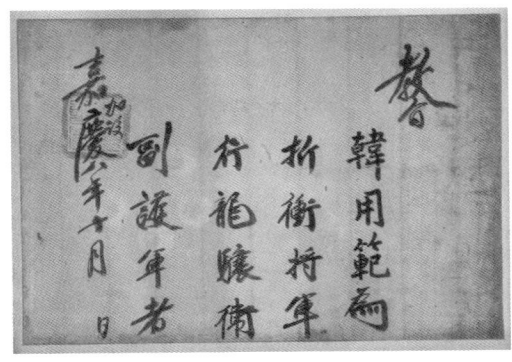 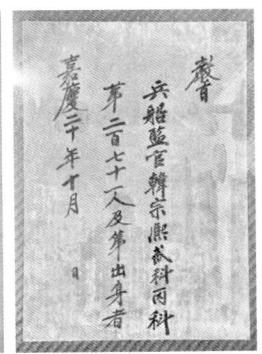

| 한종희 장군 교지 | 한용범 장군 교지 |

제 현감을 지낸 다음 부산으로 옮겼다.

나의 6대조 할아버지도 무과에 급제하셨다. 할아버지 한종희韓宗熙 장군의 교지는 내가 보관하고 있다. 교지는 길이 110cm, 폭 80cm의 한지에 '교지敎旨 兵船監官 韓宗熙 武科 丙科 第二百七十一人 及第出身者'라는 내용이다. 嘉慶 二十年(가경 20년), 순조 15년 서기 1816년 병선감관兵船監官을 제수받은 기록이다. 병선을 관리 감독하는 지휘관이다. 정발 장군보다는 236년 뒤에 보직을 받은 것으로 보인다.

나의 7대조 할아버지(한용범 장군) 또한 무관이시다. 한종희 장군의 부친으로서, 아들보다 12년 전인 가경 8년에 '折衝將軍 行 龍讓衛 副護軍者(절충장군 행 용양위 부호군자)' 교지를 제수받았다. 절충장군은 무관계 정 3품이지만 종4품의 용양위 부호군 관직이다. 아들이 거제 관아 병선감관으로 제수받게 되자 거제로 입거하셨다. 내 집안이 거제 입거한 지 올해로 209년째다. 병선감관 이후 할아버지의 기록은 알 길이 없다. 당시는 거제는 대마도와 직선거리 불

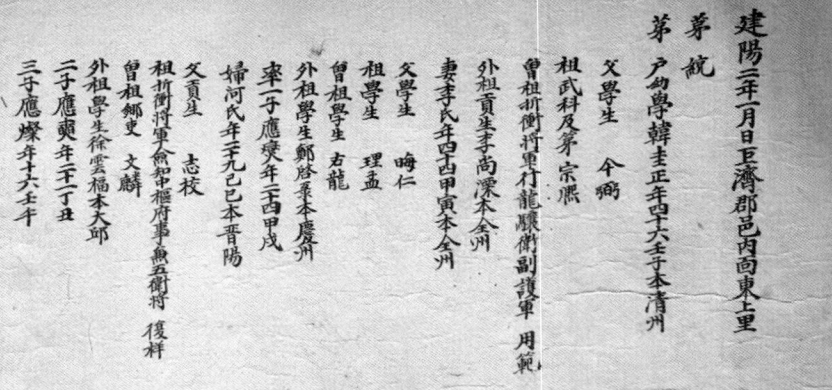

집안 호적부

과 50여 km 거리를 두고 있어 거제는 삼도수군의 거제7진 통할령이었기에 왜적들을 방어하는 임무를 하셨을 것으로 짐작된다.

이번 거제사또부임행차를 계기로 그동안 한켠에 묵혀있던 교지와 이조시대 호적부를 들여다보다가 3대~8대까지 기록을 확인할 수 있었다. 한종희 할아버지를 기점으로 사용한 가경, 도광, 함풍, 광서, 건양, 광무, 융희까지 연호를 확인하는 것도 쏠쏠한 재미다. 가경은 정조 20년부터 순조 20년까지였다. 종희 할아버지의 무과급제는 순조 16년에 받은 셈이다. 나의 할아버지 한응찬이 서부면 동상리(지금은 거제면 동상리) 36번지에서 거주하셨을 때는 26세, 광무 11년이다. 부인(나의 할머니)은 하 씨로 등재됐고 2살인 장남(나의 백부) 정선 만 호적부에 올라있다. 당시 거제군수가 고희준이었다는 사실을 확인하게 되면서 눈이 확 띄었다. 고희준 군수는 거제초등학교를 설립한 분이시기 때문이다.

사또부임행차는 신임사또가 부임하면 시가지를 행사하면서 위엄을 보여주는 관례행사다. 이조 말엽까지 사또가 주재하는 관아 소재지가 거제면이었기에 이 행차를 섬꽃축제행사에 재현한 행사다. 모듬북 공연을 마친 사또행렬은 사또부임행차 보고문을 낭독함과 동시에 섬꽃축제장까지 시가지 행진이었다. 행차의 선두는 사또부임행차 행렬 깃발과 사또기가 맨 앞에서 행차를 이끈다. 그 좌우로 영기, 청도기, 순시기가 뒤따랐다. 황룡기, 주작기, 현무기, 금고기는 좌 청룡기, 우 백호기 등을 거느린다. 좌독기와 대고, 군관을 앞세운 사또 뒤편에는 육방과 기생들이 뒤따른다. 모듬북 13명, 27명으로 구성된 사물놀이, 부채행렬도 57명이 참가했다. 역대 최대 규모의 사또부임행차였다.

거제면이 조선 말엽까지 사또가 다스리는 치소였다는 것을 증명해주는 행사다. 그래서인지 거제사또부임행차는 나의 할아버지께서 근무하셨던 관아의 행사를 재현한다는 점에서 감흥이 남달랐다.

한상균
거제면 출생. 《경남매일》 남부본부장. 《온누리파워뉴스》 편집인

바다 찾기

고요한 바다. 조금씩, 아주 조금씩 밀물이 밀려와 모든 것을 묻어버린다. 슬픈 마음도 성난 마음도 조용히 받아들여 감싸 안아준다. 지치고 힘들다며 토로하는 한숨을 되받아치지 않고 다독이며 품어준다.

나고 자란 하청부둣가. 옹기종기 모여있던 집 대신 신식 건물이 줄지어 들어서 있고, 나무다리를 건너다니던 선착장은 온데간데없이 사라졌다. 옛 모습을 찾아보기 힘들지만 코끝을 스치는 갯내가 유년을 데려오기엔 부족함이 없다. 밀물은 밀물대로 썰물은 썰물대로 나에겐 모든 것이 기억이려니.

오랜 시간 바다는 삶을 이어주는 안식처였다. 내 어머니의 경우는 유독 그랬다. 여느 아낙들처럼 어머니도 바다에 나갔다. 어린 나에게 가게를 맡겨두고 호미와 바구니를 챙겨 바다에 내려갔다.

취기가 오르면 아버지의 목소리는 하늘만큼 높아갔다. 집안은 물론이고 온 동네가 시끄러울 정도로 고래고래 소리쳤다. 아버지 한테 붙들릴까 봐 잠시 집을 나오기도 하고, 구석진 골방에 숨어있기도 했다. 취중에 털어놓는 아버지의 신세 한탄은 외울 정도로 한결같았다. 어린 시절 잘 살았던 얘기부터 시작하여 공부 잘해서 일등을 놓친 적 없던 내가 시절을 잘못 만나 꿈을 이루지 못해 한스럽다는 얘기가 주였다. 아버지의 취기가 조금씩 내려가고 코 고는 소리가 들려오면 집안은 비로소 평온을 되찾았다.

술을 잡숫는 날만 그랬다. 언제 그랬냐는 듯 평소에는 한없이 다정한 분이셨다. 학교에서 돌아오면 언제나 먹을거리를 꺼내주셨고, 감기에 걸려 열이 나면 밤새워 물수건을 머리에 얹어주는 아버지셨다. 그런 아버지가 술을 드신 날은 딴판이었다. 분풀이 대상인 듯 온갖 트집을 잡아 어머니를 괴롭혔다. 아이들 이름을 불러 대답이 없으면 그 순간부터 어머니만 불렀다. 어린 마음에도 아버지의 오만 투정과 억지를 다 받아주어야 했던 어머니가 참 불쌍해 보였다.

어머니의 한숨은 잦아만 갔다. 미동도 없이 먼바다를 바라보는 어머니의 축 처진 어깨에 날개를 달아주고 싶었다. 한 걸음 뒤에 서 있는 나에게 가게를 맡기곤 바다에 내려갔다. 그땐 몰랐다. 바구니 가득 채워진 해산물에만 눈길을 주었을 뿐 어머니가 바다에 내려가는 또 다른 이유가 있었음을.

가슴에 쌓인 복받침을 바다에 묻고 오는 거였다. 누구에게도 열 수 없던 속내를 마음껏 토해냈다. 있는 대로 다 받아주는 바다에 미움과 서러움과 온갖 사념들로 켜켜이 쌓인 찌꺼기를 털어냈다. 속이 후련해질 때까지 웅크리고 앉아 토하고 또 토해내어 바다에 묻어버렸다. 응어리져 뭉친 속을 정화 시키기 위해 잠시 혼자만의 시간이 필요했던 거였다. 자식들에게 당신의 속앓이를 보이지 않으려 멀찍이서 한을 풀어내고 있었음이다.

한참이 지나고 바다에서 돌아오는 어머니의 발걸음은 가벼웠다. 눈빛에 생기가 돌았다. 뜯어온 파래로 무침을 하고, 굵고 살이 찬 바지락은 아버지의 해장국이 되어 밥상에 올려졌다. 어머니는 예전과 똑같은 일상을 시작했다. 쉼 없이 이어지는 아버지의 투정에도 묵묵했으며 여전히 온갖 수발을 다 들었다. 아버지 대신 장작을 패야 했고, 헐거워 삐걱거리는 의자도 단단히 못을 박아 고쳐놓았다. 아픈 아버지를 대신할 일은 점점 늘어만 가고 버거운 삶의 연속이었지만 한순간도 그 자리를 피하지 않았다.

바다는 힘든 어머니에게 거대한 에너지였고 충전의 장소였다. 잠시나마 삶의 무게를 바다에 내려놓고 어깨를 펴고 있었다. 일에 매여 굳어가는 허리를 펴고 있었다. 경직된 온몸을 구석구석 부드럽게 풀어야 했다. 그래야만 했다. 내일을 이어가려면 이런 작업이 필요했던 때문이었다.

깊어가는 가을 어느 날, 아버지가 세상을 뒤로하고 떠나가셨다. 집 주위를 한 바퀴 돌고 마침내 떠나려는 상여를 붙잡고 통곡하는 여인이 있었다. 어머니였다. 이 세상에 나만큼 슬픈 이는 없다고 생각하며 굵은 눈물을 쏟아내는데 당신의 슬픔이 너무 깊었다. 굵디굵은 눈물을 하염없이 흘리며 상여를 붙잡고 놓지 않았다. 넌더리가 났으련만 어쩌면 저리도 처절할까. 쉼 없이 흘리는 눈물의 의미를 그땐 몰랐다. 어머니의 마음을 읽기엔 아직 어렸고 역부족이었다.

바다 찾기는 이제 끝났다. 아버지가 가셨으니 말이다. 그런데 그게 아니다. 여전히 어머니는 바다를 찾았다. 달라진 게 있다면 당신이 가고 싶으면 아무 때라도 내려간다는 것이다. 찾을까 봐 나를 아버지 옆에 두지 않아도 되고, 가게 문은 잠시 닫아두면 되었다.

아직도 풀어야 할 게 남아 있었던 걸까. 어깨를 짓누르는 무게를 어찌 감당하라고. 한없이 원망스럽다고. 하소연이라도 하고 싶어서였을까. 아니, 그리움 때문이었다. 바다에서 아버지를 만나고 있었다. 잘한 기억보다 못한 아쉬움이 떠올라 견딜 수가 없었다. 이것이 걸리고 저것이 눈에 밟혀 그냥 있기가 힘들었다. 아버지를 만나 미안함도 전하고 오늘 있었던 이러저러한 얘기로 시간을 보내고 오는 거였다.

두 분에겐 사랑이 없는 줄 알았다. 수많은 날을 자식들에게 보인 건 다정함보다 일방적인 아버지의 호통뿐이었으니. 아버지는 당연히 어머니를 미워한다 생각했고. 어머니 또한 그런 아버지에게 무슨 사랑이 남았을까 했다.

이젠 알 것 같다. 나 역시 한 남자의 아내로, 또 자식을 둔 어머니의 자리에 섰으니. 세월이 흐를수록 헤아릴 수 없는 정이 쌓여간다는 것을. 부모님이 아무리 아옹다옹하셨어도 늘 사랑하는 마음이셨고, 또 깊은 정으로 기나긴 시간을 함께해 오셨음을.

잔잔한 바다 위를 한 무리의 새들이 날아다닌다. 지치지도 않는지 하늘로 치올랐다가 잽싸게 내려와 물살을 가른다. 먹이를 찾는 것인지 아니면 놀이라도 하는 것인지. 끼룩거리며 다가왔다가 재빨리 날아가 버리는 날갯짓에 한동안 눈을 떼지 못한다. 세상을 누비며 날아다녀도 때가 되면 집을 찾겠지. 귀소본능으로 보금자릴 찾아 몸을 뉘겠지.

나 또한 자리를 털고 일어선다. 별일 아닌 일로 티격태격했다. 쏟아냈더니 온몸이 새털처럼 가벼워진다. 며칠 내내 앓던 속이 후련해졌다. 남편의 얼굴이 떠오른다. 미움이 물러가니 그리움이 슬며시 자리 잡으려 한다. 이것이 걸리고 저것이 눈에 밟혀 더는 앉아 있을 수가 없다. 바다에 내려가 파래를 뜯고 바지락을 캐지는 못하더라도 장에 들러 살이 통통 오른 바지락을 사 와야겠다. 술을 안 하는 남편이니 해장국보다 어머님이 보내주신 된장으로 국을 끓여내야겠다.

그래도 가끔, 바다 찾기는 이어지겠지.

심인자
《수필과비평》 신인상. 수필과비평문학상. 투병문학상. 불광수기공모 수상. 거제스토리텔링 편집장·거제문화원 향토사연구위원 역임. 수필집 《야누스의 얼굴》《왼손을 위하여》, 수필선집 《작은따옴표》

그 시절 농가의 부업은 새끼꼬기였다

　무쇠 솥뚜껑보다 더 큰 바다 거북이가 버려진 폐그물에 걸렸다가 바다 정화 활동가들에 의해 구조되는 장면이 영상으로 보도되었다. 요즘의 나일론 그물은 질기기도 하여 썩어 없어지는데 50여 년이 걸린다고 하니 바다에 버려진 어망漁網 등의 어구漁具에 의한 바다생물의 피해는 해마다 크게 늘어나고 있는 형편이다.

　문득 볏짚으로 꼰 새끼줄로 어망을 만들어 고기잡이를 하던 옛날 생각이 떠올랐다. 지금도 새끼 줄 어망으로 고기를 잡는다면 바다에 버려진 어망에 의한 바다 생물의 피해는 크게 줄어들지 않을까.

　먼 옛날 옛적에는 더욱 그랬겠지만 내 어릴 적 농촌에서의 겨울철 농가 부업은 새끼 꼬기였다. 고향 거제는 빙 둘러 바다였으니 바닷가 마을에서 고기잡이하는 어장이 많아 더욱 그랬을 것이다.

가을 추수가 끝나면 벼농사의 부산물인 볏짚으로 이엉을 엮어 초가지붕을 이우고, 일부는 겨울철 농우農牛의 사료로, 그 나머지는 농한기인 겨울 내내 새끼를 꼬아 바닷가 어장漁場에 내다 팔았다. 이렇게 새끼 꼬기와 길쌈하는 것이 그 시절 산골 마을에서는 유일한 농가 부업이었다.

우리 집 아랫 채의 헛간 방은 아버지가 새끼를 꼬는 방이었다. 겨울철이면 고주배기로 군불을 피워 방바닥은 언제나 따끈따끈했다. 손으로 새끼를 꼬는 것은 손바닥에 볏짚을 두 갈래로 놓고 비벼서 꼬는데 이를 손 새끼라고 했다. 농촌의 긴긴 겨울밤 정경이 이보다 더한 것이 또 있을까. 납품 일자에 맞추느라 밤 늦게까지 새끼를 꼬시던 아버지는 피곤에 지쳐 짚베개를 베고 그 자리에서 잠이 들기도 하였는데 그야말로 정지용鄭芝溶(1903~1950)의 향수鄕愁가 바로 그런 장면이 아니었을까.

이렇게 꼰 새끼는 정해진 일정 규격으로 사래를 만들어 놓으면 중간 수집상이 수집하여 어장漁場으로 보내는 유통구조였다.

손 새끼 꼬던 시절이 지나고 얼마 후 기계로 새끼를 꼬는 새끼틀이 나왔는데 기계에서 뽑혀 나오는 새끼는 굵기가 일정하고 생산 속도 또한 크게 빨랐다. 새끼틀에서 뽑혀 나오는 새끼를 오비기라고 했는데 무슨 의미인지는 모르겠다. 새끼꼬는 기계는 오른발로 발판을 구르는 족답식足踏式이었는데 두 손으로는 연신 볏짚을 나팔 입 속으로 넣어 주어야 하므로 손과 발이 동시에 정신없이 움직여야 했다. 이 밸런스가 맞지 않으면 새끼줄이 끊어지거나 굵기가 일정하지 않아 품질이 떨어지게 되므로 숙련을 요하는 작업이었다.

새끼틀에 앉아 새끼를 꼬는 아버지의 다랑 다랑 톱니바퀴 맞물려 돌아가는 기계 소리와 옆방에서 베틀에 앉아 베를 짜는 어머니의 스륵 스륵 바디 들락거리는 소리의 묘한 화음은 우리 집의 가장 평화로운 풍경이기도 하였다.

　내가 중학생 쯤 되었을 때 우리 집에는 아기의 팔목만큼이나 굵은 새끼를 꼬아내는 새끼틀이 들어왔다. 이 새끼틀은 두 개의 발판을 두 발로 엇박지게 밟아야 하고 볏짚도 한 줌씩 넣어야 하는 힘든 작업이었다. 이 굵은 새끼를 다꾸나와(?) 라고 했다. 일본 말인 것 같기는 한데 역시 무슨 의미인지는 모르겠다. 그 용도는 아마도 어망을 끌어 당기는 외선外線으로 사용되는 줄이 아닌가 짐작이 된다. 다꾸나와는 판로도 좋고 값도 비싸게 받을 수 있었다. 이렇게 굵은 새끼를 꼬아내는 새끼틀을 보유한 집은 그리 많지 않았다.

　각 가정에서 생산되는 새끼를 수집하여 어장으로 보내는 중간상인이 있었는데 이웃 마을의 김 노인이었다. 그런 일도 어장의 사장과 친분이 있거나 먼 친척 뻘이라도 되는 빽이 있어야 할 수 있는 일이었다. 그런데 그 분의 꼼꼼한 성격과 엄격한 돈 관리는 매우 특이하여 지역에서도 널리 회자膾炙되었다.

　새끼 값을 지불하기 위하여 돈을 셀 때는 먼저 한 장씩 마루에 늘어 놓으면서 세고, 다시 한 장씩 걷어 올리면서 세고, 마지막으로 왼 손에 모아쥐고는 오른 손 엄지와 검지에 침을 발라가며 한 장씩 세고, 이렇게 세 번을 확인하고서야 건네 주는 것이었다. 어디서 잘못 계산하여 크게 손해를 보셨는지 돈 계산이 답답하리만큼 철두철미하신 분이셨다.

농가에서 생산된 새끼를 어장에까지 가져다주는 것도 생산자의 몫이었다. 우리 마을에서는 주로 큰닭섬(大鷄마을) 바닷가의 어장으로 납품해야 했는데, 마을에서 곧장 산길로 들어서서 강망산江望山 허리를 돌고 돌아 돌부리, 나무뿌리가 얽힌 30여 리 험한 산길이었다.

새끼를 납품하는 날은 남부여대男負女戴, 노동력이 있는 온 식구가 동원 되었다. 첫 닭이 울 무렵(새벽 4시경)에 일어나 김치 국밥 한 그릇 끓여 먹고는 무거운 짐을 지고 집을 나섰다. 오르락 내리락 험한 산길이라 운반 수단은 등짐밖에 없었다. 어스름 새벽인지라 돌부리, 나무뿌리에 걸려 넘어지고 일어서기를 몇 차례나 거듭하다 보면 수평선에 아침 해가 삐죽이 얼굴을 내밀 무렵에야 바닷가 어장에 도착하게 된다.

장골들은 두 짐을 한꺼번에 옮기는 곱배기 짐을 지고 갔다. 곱배기 짐이란 먼저 한 짐을 지고 출발하여 한 500m쯤 가다가 길가에 받쳐두고 다시 집으로 돌아가서 또 한 짐을 지고 1km쯤 가서 받쳐두고, 다시 먼저 가져다 놓은 곳까지 되돌아와서 지고 가는, 말하자면 두 짐을 어긋 지게 갔다 왔다 하며 져 나르는 방법이다. 이렇게 하면 한 짐 가져다 놓고 되돌아 다음 짐으로 걸어가는 시간에는 어깨의 짐을 내려 놓았으니 쉬는 시간이 되는 것이므로 효율적이고 능률적이었다.

해가 뜰 무렵에 맞춰 바닷가 어장에 도착해야 하는 것은 그때가 밤새 조업操業을 마친 어선들이 만선滿船의 깃발을 펄럭이며 어장 막으로 들어오는 시간이기 때문이었다. 그리고 그 시간에 맞춰 가야 갓 잡아 온 싱싱한 생선을 얻어 올 수 있었다.

특별히 냉동보관시설이 없던 때라 잡은 생선은 대부분 마산 등지의 도시로 내 보내고 일부 해안으로 가져온 생선은 동네 아주머니들이 모반에 담아 머리에 이고 산골 마을로 다니면서 팔거나 아니면 말리거나 소금에 절이는 것이 고작이었다. 바닷가 자갈밭에는 배에서 퍼 내 놓은 생선이 무더기로 쌓여 있었다.

어장 막의 할머니는 마음이 넉넉하신 분이셨다. "할머니 생선 좀 주세요" 하면 할머니는 언제나 "이놈아 저기 가서 지고 갈 만큼 가져 가거라." 이러는 것이었다. 그러나 신 새벽부터 무거운 짐을 지고 산길 30리를 걸어 왔으니 이미 녹초가 된 데다 다시 그 길을 되돌아가야 하므로 힘에 겨워서 욕심껏 가져 올 수는 없었다. 할머니는 그 걸 잘 알고 계셨던 것이다. 그리고 언제라도 어장 막에 오기만 하면 얻어 갈 수 있는 생선을 굳이 욕심을 부려 골병을 자초할 필요는 없었다.

초 중학교의 어린 시절이었으니 험한 산길 한 걸음 한 걸음이 힘들었지만 그래도 기운이 나는 것은 새끼를 팔게 되면 월사금도 낼 수 있고 학용품도 살 수 있는 학비가 마련되기 때문이었다. 그러니 초, 중, 고등학교까지 나를 가르친 것은 아버지의 새끼들이었다.

그 평화로운 고향마을, 그리고 넉넉하던 바닷가 어장 풍경이 지금은 한 없이 그리운 옛이야기가 되었다. 옛날은 언제나 그립고 지난날은 언제나 평화롭고 행복했던 시절인 것이다.

옥형길
1989년 월간《문학공간》수필 등단. 대학문학상. 산림문학상 수상. 수필집《남자의 가계부》《도시에서 사는 나무들》. 칼럼집《옹이 없는 나무는 없다》.《의령옥씨 1500년사》2권 1질 1,700쪽 집필.《연초중학교 60년사》대표집필. 한국수필가협회. 한국문인협회. 국제펜 한국본부, 서울시우문학회, 공간시낭독회 회원

고등학교를 졸업한 지
반세기가 지났으니

　개교 60주년이 지났으니, 그 동안 얼마나 많은 졸업생들이 학교 운동장을 밟고 지나갔을까? 이런 생각을 하면서, 1968년에 입학하여 1971년에 졸업을 한 필자의 머리 속에 남아 있는 고등학교 시절 기억의 한 편린을 떠올려본다. 머리에 남아 있는 기억만으로는 고등학교 생활의 흔적을 제대로 떠올릴 수가 없어 졸업앨범을 펼쳐 보았다.

　앨범 속에서 확인한 바는 까까머리 동기생들의 얼굴과 우리를 가르쳤던 선생님들의 면면이 눈에 들어왔다. 까까머리 동기생들을 확인하는 순간 세월이 이렇게 많이 흘렀구나 하는 시간의식이 다시 머리를 스쳤다. 그 시간의 흐름 속에 아직도 소멸되지 않고 뇌리에서 작동하고 있는 기억의 편린을 정리해 봄으로써 60년사의 한 귀퉁이를 메워가고자 한다.

우선은 동기생들 중에 이미 세상을 달리한 자들이 제법 있지만, 아직도 소통이 되고 있는 몇 친구들의 그 당시의 초상이다. 축산과였던 우리 반에서 가장 성실하게 학교생활을 했던 친구 중 한 명이 윤형완이었던 같다. 그는 실습장에 살고 있는 여러 가축들을 관리하고 키우는 특별한 학생이었다. 아침

고등학교 졸업앨범 속 필자

일찍 등교해서 저녁 늦게까지 가축들을 돌보는 책임을 지고 있었다. 학생이라기보다는 학교 직원에 가깝다고 할 정도로 학교에서 실습용으로 키우고 있는 가축들을 돌보는 일을 도맡았다.

당시 축산을 가르쳤던 이사형 선생님의 지도를 받아서 학교에서 실습용으로 기르고 있는 가축들을 실질적으로 돌보는 학생이었다. 그래서 그는 어느 학생보다 학교에 일찍 등교했고 하교도 제일 늦게 했다. 그렇게 가축 기르기에 열심이었기에 우리는 그가 장차 훌륭한 축산업자가 되리라고 생각했다.

그런데 졸업 후 세월이 한참 흐른 후, 그를 만났을 때, 그는 인쇄출판업에 종사하는 전문가가 되어 있었다. 1970년대 공업화의 물결 속에서 농업은 쇠퇴하기 시작했고, 많은 졸업생들은 산업화에 편승해 도시로 몰려갔기 때문이다. 윤형완 동기는 학생 시절의 그 성실함으로 아직도 16회 졸업생들 동기모임의 총무역할을 평생 하고 있으니, 늘 존경스럽다.

역시 학교생활 가운데서 특별한 면모를 보인 동기가 손재숙이었다. 그는 학생시절부터 달변가였다. 한 번씩 우리 앞에서 일장 연

고등학교 졸업앨범 속 친구들

설을 자주했다. 우리는 그가 쉼 없이 해대는 말의 잔치에 놀라 입만 벌리고 있었다. 그의 일장 연설은 정치나 사회에 대해 많은 정보가 없던 고등학생인 우리에게는 신기롭기까지 했다.

그래서 나는 그가 정치인이 되리라 생각했다. 그런데 손재숙 역시 세월이 지난 후에 만나니, 그는 피혁관련 제조공장을 운영하는 중소기업 사장이 되어 있었다. 모두들 가난한 시골 출신으로서 입신양명을 위해 분투한 결과였다.

그런데 유일하게 강기묘 동기는 농고 출신으로서 농업관련 영역인 농협 공채에 응모하여 농협에서 평생을 일하며 지냈다. 그 당시 농협 공채에 응모하여 합격하기란 그렇게 쉬운 일이 아니었다. 졸업생 중에 한두 명 정도가 합격할 수 있는 어려운 시험이었다. 강기묘는 특히 영어에 관심이 많아 고등학교 내내 영어 선생님과 영어회화를 계속하여 다른 학생들보다는 뛰어난 영어 실력을 가지고 있었다. 뒤에 알고 보니, 그는 평생 영어 신문을 구독하면서 자신이 고등학교 때 시작한 영어를 평생 생활 속에서 활용하고 있었던 것이다. 그가 만일 대학을 영어영문학과로 갔다면, 훌륭한 영문과 교수가 되지 않았을까 하는 생각이 든다.

그리고 허일곤, 윤대원 동기는 교도소 교도관으로 평생을 봉사하며 일했으니, 우리 동기들의 직업은 우리가 고등학교에서 배운 것과는 다른 영역으로 나아갔다. 그 외에도 꿋꿋이 고향을 지키고 있는 동기들이 많다. 신임생, 박중화, 박송화, 오학대, 이민수, 임태갑, 신경상, 김농평, 박노관 등이 그들이다. 나이 들어가면서, 평생 고향을 지키고 살아간다는 것이 어떤 의미인지를 생각할 때면, 가끔 이들이 부러워지기도 한다. 결국 인간은 다 원래의 고향으로 돌아가야 하니까.

선생님들을 생각하면, 우선 김기호 교장 선생님이 가슴 한 가운데 놓여 있다. 그 분은 중학교 때부터 우리의 교장 선생님이셨기 때문이다. 중고등학교 6년 동안을 교장 선생님으로 계셨다. 그래서 그 분의 모든 모습은 나에게 잘 각인되어 있다. 무엇보다도 아침 조회 시간마다 하시던 훈화 내용은 거의 기억이 나지 않지만, 그 짧은 훈화 속에 간명하면서도 명쾌한 이야기는 정말 인상적이었다. 하나의 주제를 군더더기 없이 학생들에게 짧게 들려주시던 그 훈화의 성격은 어디로부터 비롯되었을까 하는 생각을 자주 하게 된다.

지금 생각해보면, 그분이 시조 시인으로서 창작을 계속하고 계셨기에, 그 시조의 형식에서 짧은 훈화의 방식도 가져온 게 아닌가 하는 생각을 해보게 된다. 3장으로 응축된 시조의 형식과 내용에

김기호 교장선생님(시조시인)

는 군더더기가 필요없다. 필요없는 것이 아니라, 군더더기를 없애야 한다. 늘 시조 창작을 하면서 몸에 배인 언어에 대한 절제와 응축의 습관이 훈화를 할 때도 그대로 적용된 것이 아니었을까?

그래서 교장 선생님은 일상 속에서도 달변은 아니셨던 것으로 기억된다. 꼿꼿한 선비의 인상을 지울 수가 없다. 그 분은 시조 창작뿐만 아니라, 서예에도 깊은 조예가 있어 늘 글을 쓰셨다. 한 번은 교장실에 들릴 일이 있어 갔더니 붓글을 쓰고 계셨다. 지금 생각하니 조선의 마지막 선비를 보는 듯한 분위기를 그 때 경험한 것 같다.

그분은 시조 창작이 다작은 아니어서 평생 쓴 시조를 모아 단 한 권의 시조집만 내셨지만, 부산경남 시조단으로 보면 중요한 시조 시인으로 평가되고 있다. 단순한 시조 시인이 아니라, 참된 교육자로서의 면모를 겸비한 문학인으로 평가받고 있다. 그러나 아직도 김기호 문학관 건립이나 생가 복원 작업이 이루어지지 않고 있어 안타깝기만 하다. 몇 년 전 이 일을 추진한 바가 있지만, 생각대로 잘 진행되지 못해 아쉬움만 가슴에 짙게 남아 있다.

이런 훌륭한 스승이 계셨다는 것을 세월이 많이 지난 후에야 깨닫게 되니, 선인들의 교훈이 새삼 새롭게 다가온다. 내가 부모나 스승이 되어보아야 부모나 스승의 심정을 이해할 수 있고, 부모나 스승이 떠난 후에야 부모나 스승의 가치를 깨달을 수 있으니 말이다.

또 한 분은 김태문 선생님이시다. 이분은 모든 학생들에게 가장 어려운 과목인 수학을 가르치셨다. 수학의 기본이 안 되어 있는 우리에게 고등학교 수학을 가르치기는 참으로 힘들었다. 아예 수학을 포기하는 학생들이 태반이었고, 그래도 대학을 가기 위해서 예비고사를 준비하는 학생들에게는 수학을 하지 않을 수 없었다. 그분은 수학이 따로 필요한 학생들을 모아 특별 수업을 할 정도로 학생들에게 열정을 가지고 계셨다.

이런 열정은 그분이 하청면 출신이기 때문에 고향의 후배들에 대한 교육자로서의 애정이 남달랐기 때문이었던 것이다. 후배들을 한 명이라도 더 잘 교육시켜 좋은 인재로 만들기 위해서는 더 열심히 교육시켜야 한다는 일념이 작동한 결과로 보인다. 사실 지금 생각해보면, 그런 선생님의 열정과 따뜻함을 우리는 그때 제대로 인식하지 못했던 것 같다. 수학 과목 자체가 너무 어려웠기 때문이다.

선생님들과 함께

  그런데 그런 중에도 수학에 관심이 많고, 수학 문제를 누구보다 잘 푸는 동기가 한 명 있었다. 그가 김광수 동기였다. 그는 우리 동기 중에는 수학을 가장 잘 했다. 그는 수학 문제를 푸는 것이 재미있다고 했다. 그래서 어려운 수학 문제를 어떤 때는 선생님보다 먼저 풀기도 했다. 수학 시간에 자주 앞에 나가서 우리를 대신해서 수학 문제를 풀어주기도 했다. 나는 그가 수학을 잘 하기에 앞으로 뛰어난 수학자가 될 줄 알았다. 그런데 들리는 소식으로는 그는 그 길을 계속 가지 못하고 다른 영역에서 일을 하고 있다고 한다. 이 친구를 생각하면, 고등학교 때까지의 자기만의 뛰어난 역량을 제대로 계속 키워나간다는 것이 우리의 인생살이에서 얼마나 중요한 지를 다시 생각하게 한다.

그 누구보다도 나의 가슴과 머리에서 사라지지 않고 있는 선생님은 윤병향 선생님이다. 이 분은 중학교 때부터 우리를 가르쳐왔다. 중학교 때에는 상업을 가르쳤다. 고등학교에 와서는 공민을 가르쳤다. 그리고 중학교 3학년 때는 담임을 하셨다. 그런데 내가 중학교를 졸업하면서 고등학교를 부산에 있는 모 고등학교로 진학하기 위해 시험을 쳤으나, 보기 좋게 낙방을 하고 말았다. 시골에서 열심히 공부를 했다고는 하지만, 역시 학력 차이는 어쩔 수가 없었다. 나는 낙방에 실망하여 아무 생각도 하지 못하고 집안에 박혀 있었다. 지금 생각하면 참으로 어이없는 일이지만, 몇 일 동안 세상 다 살은 사람처럼 이렇게 하고 있으니, 부모님들도 참으로 딱해 했다. 외지로 나가지 못한 중학교 졸업생 대부분은 고향에 있는 고등학교에 입학을 하였다. 나는 고등학교 입학을 위해 재수를 하든지 학교를 아예 포기를 하든지 하는 길밖에 별 수가 없었다.

이런 나의 사정을 알았던 담임이었던 윤병향 선생님이 집으로 찾아오셨다. 드러누워있는 나를 보고는 참으로 한심한지 무슨 죽을 일이 생겼느냐고 나에게 물었다. 나는 아무 말도 하지 못했다. 그러자 선생님은 실패가 없는 사람은 사람이 아니라면서, 내일 당장 학교에 와서 시골고등학교에 추가 시험이 있으니, 원서를 내라고 하셨다. 나는 담임 선생님의 말이 귀에 들어오지 않았다. 도대체 추가 모집하는 고등학교에 가서 무엇을 배울 것이며, 앞으로 무엇을 하겠느냐는 어린 생각에 화까지 치밀어 올랐다. 그러나 차마 선생님 앞에서 그런 감정을 표현할 수는 없었다.

아무 말 없이 앉아만 있는 나에게 선생님은 다시 말을 이었다. 도시학교로 가는 것만이 언제나 좋은 결과를 가져오는 것은 아니야, 오히려 잘못된 학생도 많아. 어디에서든지 자기가 열심히 하면 돼, 부모님도 혼자 도시로 내보내는 것을 별로 원하지 않으니, 이곳에서 3년 동안 더 공부하고 대학에 가면 안 되겠느냐고 타일렀다.

그러나 그런 말이 당시에는 귀에 들어오지 않았다. 그런 말이 나에게는 현실적으로 아무 의미가 없는 듯 보였다. 꽤 오랜 시간 동안 선생님은 나를 설득시키기도 하고, 이렇게 누워만 있으면 안 된다고 타이르기도 했다. 그러나 그 순간에는 쉽게 선생님의 말씀에 동의할 수가 없었다.

내일 꼭 학교에 나오라는 선생님의 말씀을 듣고 그날 저녁 선생님은 돌아가셨다. 밤새도록 생각했지만, 다음 날 아침 학교에 갈 용기가 나지 않았다. 시험에 낙방했다는 부끄럼과 추가 모집하는 학교에 원서를 낸다는 것이 왠지 서글퍼졌기 때문이다. 그래서 결국 다음 날도 역시 두문불출했다. 그날이 추가원서를 접수하는 마지막 날이었기에 그날 학교에 가지 않으면 그 해 고등학교에 가는 일은 힘들었다.

부모님은 선생님께서 오셔서 그 정도 이야기했으면 학교에 갈 일이지 왜 이렇게 누워 있느냐고 고함을 치며 야단이었지만, 나는 돌처럼 묵묵히 입을 다물고 있었다. 모든 것이 다 싫고 귀찮았다. 해가 기울자 부모님은 이제 학교 가는 일은 단념하고, 시골에서 농

| 아담한 하청 풍경 | | 아침조례 광경

사나 짓고 살아가라고 방안을 향해 소리쳤다.

그런데 그날 저녁 때 윤병향 담임 선생님이 퇴근길에 다시 나를 찾아오셨다. 그리고는 다른 말씀은 하시지 않고, 시골 고등학교에 입학할 수 있도록 모든 절차를 다 끝내 놓았으니 시간을 갖고 생각해보라는 것이었다. 그리고는 부모님과 몇 마디 말씀을 나누시고는 돌아가셨다. 몇 일 동안 내 자신과 싸우다가 지친 나는 결국 할 수 없이 그 학교에 가기로 하고 등록을 했다.

이후 고등학교에 입학하여 1학년의 생활은 참으로 고역이었다. 오지 않아야 할 학교에 왔다는 생각 때문이었는지 늘 외톨이로 학교생활을 했다. 이를 고등학교 담임 선생님으로부터 아시고는 윤병향 선생님은 나를 자주 불러 여러 가지 격려를 했다. 마음먹기에 달렸으니 마음을 강하게 먹고 열심히 공부하라는 것이었다. 이런 윤병향 선생님의 따뜻한 배려로 나는 고등학교를 마치고 힘들게 대학에 입학했다. 대학원을 졸업하고 취직해서 고향에 갈 때, 한 번씩 뵌 것 이외는 자주 찾아뵙지를 못했다. 계속 공부하고 사는 것이 힘들었던 탓이다.

한 번은 여름방학에 고향을 갔다가 선생님 댁을 찾았다. 선생님 댁으로 향하는 논길은 이미 경지정리가 반듯하게 잘 되어 있었고, 가뭄에도 논에는 물이 가득 차 있었다. 해거름이어서 한낮보다는 한결 낫기는 했지만, 더위는 아직 상당했다. 땀을 훔치며 산 밑에 위치한 선생님 댁에 들어섰다.

그러나 아무런 인기척이 없었다. '선생님' 하고 불렀으나 아무 대답이 없었다. 집안 형세가 좀 이상하게 느껴졌다. 집 마당에 들어서자마자 키 큰 잡초만 무성해있고, 돼지 우리와 토끼장은 텅빈 채 아무것도 없었다. 이게 어떻게 된 일인가? 집 바깥은 멀쩡했지만, 집안으로 들어서니 이미 오래된 빈 집이 되어버린 것이 확실했다. 나는 멍하니 한참 서 있다가 할 수 없이 집을 나와 이웃집으로 갔다. 좀 떨어져 있는 옆집으로 가 '윤 선생님 댁에 아무도 안 계십니까' 하고 물었다.

그러자 허리가 굽은 할머니가 '아이구, 그 사람 죽은 지 몇 달 되었네'라고 답했다. '술을 너무 좋아한 게 탈이었지, 고현시장에 갔다가 쓰러졌지, 그 날도 술을 많이 마신 모양이야' 그럼 사모님은 어디 계십니까 하고 물으니, '아범 죽고 난 뒤 며칠 안 돼 뒤따라 안 갔나, 그러니 빈집이지. 외지 있는 아들들이 집을 팔려고 내놓았으나 아직 안 팔린 모양이네' 나는 더 이상 말을 붙이지 못하고 고맙다는 인사만 하고 돌아섰다.

다시 선생님 집 마당에 들어섰다. 산 밑이라 벌써 긴 산 그림자가 집에 내리기 시작했다. 마당에는 몸을 움츠리고 있던 개구리들이 사람이 들어서자 놀라 뛰어 도망을 갔다. 뿌옇게 먼지가 쌓인 마루에 걸터 앉았다.

갑자기 지난번 만났을 때 하시던 말씀이 생각났다. '입은 비뚤어져도 말은 바르게 하며 살려고 한다. 지금 생각하면 젊은 때 너무 술을 많이 마셨던 것 같아' 선생님은 입이 조금 비뚤어져 있었다. 그래서 우리는 선생님의 별칭으로 입비뚜르미 선생이라고 우리끼리 불렀다. 그리고 선생님은 술을 참으로 좋아하셨다. 그래서 술을 한 병 들고 갔으나 아무 소용이 없게 된 것이다. 더 이상 혼자 빈 집에 있기도 어색해, 주인 잃은 술병을 들고 여름 열기가 지속되고 있는 들길을 무엇에 취한 사람처럼 비틀거리며 걸어왔다.

고등학교 16회 졸업생들 모두가 이제 그 선생님의 길을 따라가야 하는 시간들을 생각해야 하는 시점에 서 있으니, 세월의 오고 감을 누가 어찌하랴.

남송우
거제 하청면 출생. 부산대학교 국문학과(문학박사). 1981년 《중앙일보》 신춘문예 평론 당선. 김달진 문학상. 평론집 《전환기의 시대의 삶과 비평》《지역문학에서 지역문화연구로》《인문학적 사유의 글쓰기》《윤동주 시인의 시와 삶 엿보기》 등 다수. 부경대학교 명예교수, 고신대 석좌교수

황덕도 黃德島

하늘 먼 곳 남녘 바다, 푸른빛의 별들이 꿈처럼 빛나는 그곳, 고향 섬마을이 그립다. 칠흑 같은 진해만의 밤바다를 비추는 하얀 등대가 있는 섬이다. 갯냄새 날리는 선창가 목선 위에 자맥질을 하다가 나래를 쉬고 있는 갈매기의 노랫소리가 들리는 그 섬이 오늘따라 몹시 그립다.

고향은 바다 위에 외로이 떠 있다. 육지로 천 리 길. 자동차로 달려서 통영 인터체인지에서 어렵사리 내린다. 게서 국도를 따라 가다보면 바다가 보인다. 점점이 떠있는 섬, 섬, 섬. 섬이 모두 62개란다. 다시금 거제 섬을 가로 질러 40분쯤 달리다 보면 하청河淸이란 동네가 나온다. 면 소재지이면서 모교인 중, 고등학교가 있는 곳이다. 푸른 대나무 숲들의 연속, 맹종죽孟宗竹이 반긴다.

이윽고 칠천도 연육교를 건너 꼬불꼬불 해안 길을 한참 가다보면 칠천도의 끝자락 고다리마을이다. 자그마한 섬이 물 위에 떠 있다. 물길을 이어주는 나룻배가 오고 가는 나룻터이다. 오랫동안 노를 저어 오가는 목선의 나룻배가 오고 가던 곳이다.

진해만 한 모퉁이, 거제도의 북단인 칠천도 섬 뒷자락에 있는 섬 중의 섬. 이름하여 황덕도黃德島다. 일명 '노른 둥이 섬', '노인 덕도' 혹은 '노른 디이'라고 불리기도 한다. 노인들이 장수했다는 전설의 섬이다. 하기야 겨우 쉰 살을 넘길락 말락 하면 대개 흙으로 돌아갔다. 어쩌다 60세가 되면 환갑잔치를 열던 시대에 팔십을 훌쩍 넘겨 장수했다면 자랑이요, 축복이며 전설이었을 테다.

섬의 면적은 65,500여 평이다. 안몰, 지부리, 새지 세 개의 마을로 이루어져 있다. 열 일곱 채의 슬레이트로 지붕을 덮은 고만고만한 낡은 집들이 엎드려 있다. 모두가 똑같은 초가였다. 그나마 지붕개량이 이뤄져 슬레이트 지붕으로 변형된 것이다. 그전에는 짚으로 된 이엉을 엮어 지붕을 덮어야 했는데, 지붕을 이지 못한 해는 비만 오면 집안이 누런 빗물로 흠뻑 젖곤 했다.

서른 댓 명의 섬사람들이 옹기종기 모여 파도를 벗 삼아 살아간다. 섬의 경사도가 40도쯤 되다보니 흐르는 물이나 솟아나는 물이 없다. 논이 있을리 없다. 바다에 나가서 고기를 잡는 틈틈이 계단식 밭뙈기를 가꿀 수밖에. 그처럼 물이 귀하니 토질이 척박할 수밖에 없다.

여름에는 빗물이라도 받아서 생활용수로 썼지만 가을에서 겨울, 봄까지는 물이 귀했다. 작은 샘에서 나오는 물을 차례를 정해 길어다 먹었다. 차가운 바닷바람이 휘몰아치는 엄동설한에는 샘물도

황덕도

겨울을 타는지 고이는 양이 적었다. 섬의 끝자락에 있는 샘에 차례로 물을 다루려 가는 일이야말로 힘든 일 중에 으뜸이 아니었을까. 언 손으로 바위틈에서 방울방울 떨어져 홈에 고이는 물을 바가지로 퍼 담아, 캄캄한 밤길을 걸어오는 어머니의 애환. 이 물마저 가뭄이 심한 때는 말라버렸다. 그럴 때는 칠천도에서 물을 얻어다 먹는 경우가 많았다. 물을 구걸해야 하는 섬마을이다.

오로지 자급자족만이 살 길이었다. 밭뙈기에서 나오는 작물이라야 뻔했다. 고작해야 고구마, 무, 배추, 시금치 등 채소 종류와 보리, 밀농사였다.

이도 지어봐야 제철도 다 못가서 동이 나는 적은 양이었다. 토지의 소산으로 인한 생산물은 뻔했다. 뭘 더 기대할 것도 없었다.

고기잡이도 한계가 있었다. 무동력인 목선으로 고기잡이를 한다는 게 어디 쉬운 일인가. 섬이 알려진 계기가 된, 겨울 한 철 대구잡이도 힘들기 짝이 없었다. 춥고 거센 겨울바다에서 커다란 대구가 잡힌 거물을 맨 손으로 건져 올리는 것은 중노동이었다. 욕심 부릴 겨를도 없이 하늘의 뜻에 따라 살아갈 수밖에 없는 섬사람들의 운명이었다. 가장 중요한 삶의 목표는 한끼 해결하기였다. 그러다 보니 호사나 부귀와 영화는 물론이요, 지위나 명예 같은 거창한 것은 애초 꿈도 못 꾸었으리라.

그뿐인가. 미래에 대한 고민은 차라리 사치였다. 병들어 아프지 않고, 하루하루를 살면서 다가오는 한 끼, 한 끼에 최대한 집중하는 것, 그것만이 유일한 관심사였다. 생존의 문제가 제일 큰 과제였다. 지지리도 궁핍한 섬이었다. 자연의 혜택이라고는 없는 곳,

살아가는 데 필수이며, 기본이라는 물과 식량은 물론 난방 및 취사에 필요한 땔감인 나무가 부족하니 삶의 질이 어떠했겠는가.

　겨울 방학의 주된 일과는 산에서 땔감을 구해오는 일이었다. 손등이 터서 피가 나기 다반사였다. 그나마 흔하게 있으면 좋으련만 솔방울이 반갑기 짝이 없는 섬. 가난의 굴레를 멍에처럼 메고 살 수밖에 없었다. 가난은 겪어보지 않으면 알 수가 없다. 누군가가 말했었지. '눈물로 먹어본 빵 맛을 모르는 사람과는 인생을 논하지 말라.' 했다. 역지사지易地思之가 어디 쉬운 일인가. 배고픈 서러움은 표현할 방법이 없다. 이런 삶을 살아와서인가 밥투정 반찬 투정하는 이들을 볼라치면 도무지 이해가 되지 않는다.

　교통 또한 무척이나 불편했다. 어떤 오지에도 비할 바가 없을 정도로 열악했다. 면 소재지인 하청까지는 육로로 20리 길이지만 걸어서 오가야만 했다. 게다가 중간에 목선인 나룻배를 두 번 타야만 한다. 황덕도에서 칠천도까지 한 번, 칠천도에서 거제 본섬까지 한 번, 왕복으로는 40리 길에 나룻배를 네 번을 타야만 겨우 거제 본섬까지 가고 올 수 있었다. 편도는 걸어서 족히 3시간, 왕복으론 6시간이 걸렸다.

　소재지 방문에 하루해가 걸리는 고달픈 길이었다. 여기에 네 번의 나룻 배로 건너는 물길이 사시사철 평온한 것만은 아니었다. 비바람이 몰아치거나 밀물과 썰물 때의 물살이 거셀 경우는 나룻배가 순조롭게 가지 못하고 떠밀려서 포물선을 그렸다. 그렇게 오가는데 소요되는 시간은 나룻배의 뱃길에 따라 달라졌다.

　내 나이 여덟 살에 초등학교에 입학했다. 어릴 때 물에서 혼이

난 이후로 나는 물 무섬을 많이 타서 헤엄치는 기술을 늦게야 터득했다. 자연히 입학이 늦을 수밖에 없었다. 헤엄을 칠 수 있어야 나룻배를 타고, 나룻배를 타야만 학교에 갈 수 있으니 속수무책이란 이런 때를 두고 하는 말이던가. 왕복 두 번의 황덕도 뱃길은 칠천도 물길보다는 거리는 가까워도 파도는 더 거셌다. 공부는 학교 오가는 길에서 어렵사리 하였다. 그야말로 '워킹 스튜던트working student'였다.

중학교 때부터는 나룻배 뱃길이 하루에 네 번이었다. 학교 가고 오는 시간이 학교에서 공부하는 시간보다 많았다. 그러자니 걸으면서 공부할 수밖에 없었다. 영어 단어와 필기한 노트의 요점을 적어 걸으면서 외우고 익혔다. 이런 영향으로 나는 걷는 것과 노 젓는 것, 수영이라 일컫는 헤엄치는 것은 남만큼 할 수 있었다. 바람 부는 가운데에 나룻배의 사공을 부르는 데 단련되었던 큰 목소리는 지금까지도 남아있어서 특기 아닌 특기가 되었다.

나는 1949년 2월에 이 섬에서 태어났다. 황덕도에서 유·소년기를 거치며 20년을 살았다. 53년 전인 1969년에야 이 섬을 탈피할 수 있었다.

그러구러 세월이 흘러 섬을 떠나온 지 어언 반 백 년이 지났다. 세월이 유수와 같다고들 말한다. 이 말은 이제 옛말이 되고 말았다. 지금은 시속 70킬로미터로 시간이 흐르니 얼마나 빠른 속도인가. 어느덧 내 나이 고희를 넘겼다. 이즈음 고향의 섬마을이 그립고 가보고 싶다. 나이가 들어서 심신의 소진 현상이 급격히 증가했

다는 증거이리라.

　고향 섬에는 유·소년기의 고단했던 흔적들이 고스란히 추억으로 아로새겨 있다. 태어나서 자란 고향에 대한 향수가 어찌 변하랴. 조부모, 부모님의 체취가 배어있고, 산소가 있는 섬. 궁핍해서 살기가 힘들었던 지난 나날들. 그런 과거는 지나고 보면 추억으로 남는가 보다. 신비한 별똥별이 떨어지던 섬, 반딧불이 날아다니던 섬이 자꾸만 눈앞에 아른거린다. 그러면 그곳에 가고 싶다. 이런 걸 두고 그리움이라 했던가. 곤고한 세월의 터널을 뚫고 삶을 살아온 유년시절, 소년 시절에 겪었던 열악한 환경이, 삶의 원동력이었지 싶다. 어려움을 담담하게 헤쳐 나갈 수 있었던 힘, 생활에 대한 강한 의지가, 열악한 환경을 극복하던 때에 생성되었던 것이리라.

　고향 섬에 겹겹이 쌓인 시간의 궤적을 반추한다. 서리서리 애환이 깃든 사연일랑 낱낱이 기억하고 있는 나룻배의 나이와 함께, 의식 저 너머에서 아지랑이처럼 피어오르는 그리움이 파도가 되어 밀려온다. 그랬다. 향수가 퍼지는 범위는 수치로 가늠할 수는 없지만 분명한 것은 귀소본능歸巢本能이 작용하고 있다는 것이다. 새들도 날이 저물어 어두우면 멀리 갔다가도 제 둥지를 찾아 되돌아오고, 여우도 죽을 때는 제가 살던 굴이 있는 언덕 쪽으로 머리를 둔다던가. 수구초심首丘初心이라 했다. 동물도 자기가 태어난 곳을 그리워하고 귀소 본능이 있을진대 하물며 만물의 영장이라는 인간이야 말해 무엇 하랴.

과거를 돌아보는 버릇은 가슴 안에 깊은 말뚝을 지닌 숙명 같은 것일 게다. 줄에 매어달린 가축처럼 말뚝에 매인 줄로 인해 바깥의 세상으로 자유롭게 나갈 수 없다. 태어나 자라고, 살다가 섬에 묻히는 섬사람들의 숙명 같은 것이다. 섬에서 태어나 자라는 동안 환경의 영향으로 한恨 같은 게 응어리져 있는, 섬 태생의 인생도 마찬가지가 아닐까?

영국의 저명한 심리학자 제이컵 율은 "노스탤지어가 현재의 고난을 견디는 힘과, 삶에 대한 용기를 북 돋아주고 어떤 단체적인 과제에는 동료와의 유대감이 확대되면서 협력이 원활하게 이뤄져서 탁월한 성과를 이룬다."라는 긍정적인 결론을, 실험을 통해 도출해 냈다고 한다. 향수가 인간에게 여러 긍정적인 효과가 있음을 증명해 냈다는 것이다. 슬픈 일, 고단했던 과거를 잊지 못한다면 현재 힘든 삶을 이겨낼 재간이 없잖은가. 팍팍한 세상에 향수에 젖어보거나, 향수에 젖는 책을 읽거나, 영화나 연극을 보는 것도, 세파를 이겨나갈 삶의 지혜가 아닐까.

꿈을 꾼다. 별똥별의 숨결로 살아있는 섬마을 꿈이다. 보잘것없는 척박한 섬이지만 순박한 인심으로 하늘을 쳐다보고 바다를 바라보고 사는 사람들의 이야기가 담긴 꿈을 꾼다. 어두운 밤바다를 반짝이며 비춰주는 등댓불이 있는 그리운 고향 섬, 황덕도가 시시때때로 떠오른다.

김철수
계간 《수필문예》 신인상 등단. 에세이포레 문학상 수상. 수필집 《바다의 노래》(2016), 《절규》(2017) 《숭어, 하늘을 날다》(2020) 외 다수. 거제수필문학회 회원. 거경문학회 회장. 재경 거제시향인회 회장

개숲끝 이야기

친공 포로는 반공 포로를 거제도 포로수용소 안에서 살해했을까, 유월 호국보훈의 달에는 고현 충혼탑에서 현충일 추념 행사가 있다. 백부께서는 한국전쟁 전사자로 장승포 충혼 묘지에 안장되시고 위패는 고현 충혼탑에 봉안되어 있다.

할머니는 83세로 치매를 앓다가 돌아가셨다. 슬하에 9남매를 두셨으나 아들 2명은 병으로 먼저 떠나고 둘 남은 아들 중 대를 이을 남은 아들은 9남매 중 막내인 아버지였다. 아들 3명을 먼저 보냈지만 유독 백부의 전사가 할머니에게 트라우마로 남으셔서 치매 앓던 그때 밤만 되면 "인민군 네 이놈아~ 인민군이 쳐들어온다" 하고 고함을 질렀다. 자식 전사가 얼마나 할머니의 사무친 일이 되었으면 치매로 제정신이 아닌 그때 자식을 전쟁으로 먼저 떠나보낸 한이 가슴을 태웠으면 기력이 다할 때까지 악에 받힌 소리를 질러

댔을까. 지금도 그 당시를 생각하면 가슴이 시리다.

  백부가 흘린 청춘의 피의 대가로 할머니 생존 시까지만 적은 금액의 보훈 연금을 받았다. 그 수혜가 나의 가족에게 뿌려진 것은 두말할 나위가 없다. 나의 양가 부모님께서 역시 한국전 참전 국가유공자로 국립묘지에 봉안되어 계신다. 나라를 지키기 위해 산화한 백부와 전몰장병의 숭고한 혼에 감사의 마음을 담아 국가유공자 유족 대표로 해마다 빠짐없이 충혼탑 현충식에 참석하는 것이다.

  전쟁은 거제도를 거대한 포로수용소로 변하게 하였다. 현재 수월천 다리에서 일성아리채 아파트 진입로 뚝방 길을 가자면 일제강점기 다나까가 간척한 들판 아래 낭태강 곡각지점을 지나야 한다. 나는 이 길을 지나갈 때마다 번번이 이상하게도 머리칼이 쭈뼛 선다.

  아주 먼 지난날 초복의 더위가 시작될 무렵 밤에 더위를 식히려 신작로 길가에 모깃불을 피우고 덕석을 펴 이웃집 아저씨와 아버지가 나눈 포로수용소 개숲끝 이야기가 생각나는 것이다.

  그때의 개숲끝은 고현 항과 연해 낭태강 뚝방 길 출발 지점 현재 일성아리채 아파트 진입도로 그곳은 미군들이 드럼통을 매설하여 출발점인 둑에서 바다 중앙에 백 미터 넘는 길이로 분뇨처리 수채통을 만들었다. 그곳은 어릴 때 낚시하러 썰물 시에 갯벌을 걸어서 들어가 홀강에 문조리 낚시하던 곳이었다. 그곳과 연접한 지점에 붉은 벽돌로 만든 사각 구조물 분뇨 배출구 흔적이 있는 것을 보았다. 둑에서 분뇨를 부으면 압력에 밀려 내려가 흐르는 홀강으로 쓸

| 당시 분뇨통에 담아 개숲끝에 버렸다 | | 분뇨통(사진 출처: 거제시) |

려 고현만으로 내려가도록 했을 것이다. 지금은 절토로 사라진 도래산이 있던 중앙중학교 쪽에는 십팔만 포로들이 배출하는 쓰레기를 미군들이 버리는 쓰레기장으로 사용을 했다. 동네 어른들 모두가 이곳을 '쓰리미깡'이라고 불렀다.

그곳에는 전쟁이 끝난 후 타지에서 들어와 정착한 한 가정이 살고 있었다. 간혹 부모님의 심부름이 있을 때 "개숲끝 집에 갔다오너라"라고 말씀하셨는데 어릴 적 낮에 가면은 바다에 연해 넓은 밭이 펼쳐져 있었고 밭 가장자리에 초가집이 버드나무와 어울려 목화를 심은 밭이 평화스러운 풍경으로 보였다.

그러나 그 너머 '쓰리미깡'에는 동네 아저씨들이 미군들이 버리고 간 쓰레기 속 고철을 발굴한 흔적이 마치 달 분화구처럼 동그란 원 속에 바닷물이 썰물 때는 빠져나가 축소하면 바닷게 구멍처럼 보였다.

수양동 들판 62, 67 포로수용소 막사 | 뒤쪽에 해면 동편 마을이 보인다.

    한국전쟁 당시 포로합숙 천막 안에 강제 동거의 살벌했던 그때 악질포로 두목 막사가 있는 곳에 인공기가 휘날렸다고 한다. 친공 포로는 반공포로를 죽여 난도질해 분뇨 통에 숨겨 담아 수월천 연접한 뚝길 낭태강 수채통에 분뇨와 함께 시체를 버렸던 곳이었다고 어릴 적 여름밤에 들은 기억이 떠오르는 것이다.

    당시 기록사진을 보면 국사봉과 독봉산 계룡산을 사이에 두고 철조망을 둘러친 수용소와는 대조적으로 인접한 마을은 초가지붕으로 평화스럽게 보이는 마을이었다. 하지만 마을과 인접한 철조망 안의 세계는 사상 이념의 극심한 갈등으로 살육이 자행되어 친공 포로에게 죽임을 당하는 반공 포로들이 있었다고 한다. 그 젊은 청춘의 마음은 어서 빨리 고향으로 돌아가 보고 싶은 부모와 형제들을 만나는 꿈을 꾸며 기나긴 세월을 버티지 않았을까. 기다리던 부모형제도 아들이 어디서 어떻게 전사했는지 모르는 실종 상태로 사라진 이들이 있었다는 전해 오는 이야기를 들으면 왠지 마음이 공포와 겹쳐 슬픔이 서린다.

저녁시간이면 희미한 가로등이 켜져 있는 그곳을 거쳐 어둑한 연초천 둑길로 산책하러 가면 그때 아버지와 이웃 아저씨의 나눈 이야기가 머리에 되살아난다. 어둠과 같이 밀려오는 비릿한 바다 냄새 밤공기에 소리도 없이 사라진 사람의 영혼이 이곳에 떠돌며 아우성치는 소리가 들리는 것 같다. 밤바다 시작지인 희미한 윤곽으로 보이는 수월천과 연초천 합류지점에 그때의 잔혹했던 동족상잔의 비정한 전설 같이 사라진 개숲끝 이곳을 지나칠 때마다 그때의 이야기 생각에 깊이 빠져들곤 하는 것이다.

옥순룡
시인/수필가, 월간 《시사문단》 신인상 등단. 수필집 《인연》. 한국문인협회 회원, 거제문인협회 이사, 청마사업회 감사, 거제포토갤러리 매니저, 거제시 해양조선관광국장(전), 현 거제문화원 이사

포구나무에 깃든 추억

"우리 어릴 때 자주 가던 포구나무 있제. 큰 돌빡에서 우리 많이 놀았잖아"

"들판에 있는 거?"

"그-래. 내가 오늘 가보니 아무도 못 들어가게 빨간 줄을 쳐 놨더라"

"왜?"

"그게 지석묘라고 문화재보호구역이라네. 마음대로 올라가서 놀던 곳인데."

전화기 속으로 들려오는 친구의 목소리를 들으며 긴가민가했다. 넓은 들판에 늠름하게 서 있던 포구나무 두 그루와 넓고 편편해서 동네 아이들이 놀기도 하고, 더러 누워서 도란도란 얘기를 나누기도 했던 넓적한 돌이 떠올랐다. 큰 돌 옆에는 우람한 포구나무 한 그루가 있었고, 그 옆에는 좀 더 작은 돌과 좀 더 키가 작은 포구나무 한 그루가 있었다. 키 큰 포구나무의 그늘에 있던 넓적한 돌 위에서 우리는 명절이 되면 각자의 집에서 가져온 음식을 나눠 먹고, 때론 유쾌함을 못 이겨 숟가락을 들고 춤을 추기도 했다. 동네 할머니들이 더위를 피해 도란도란 얘기를 나누기도 하던 곳이었는데 문화재로 지정되었다는 것이다. 문화재가 된 것도 놀랍지만, 우리의 추억이 서렸던 놀이터가 더 이상 놀이터가 아니게 되어 들어갈 수 없다는 사실에 나는 아쉬움이 더했다.

일운면 지세포리 회진마을에는 모두 네 그루의 포구나무가 있었다. 해변은 하얀 모래로 되어 있어 부드럽고 아름다웠다. 예전부터 구조라 와현해수욕장에는 관광객이 많이 몰렸다. 나는 회진마을의 백사장은 흰쌀이나 설탕처럼 하얗고 곱다고 여겼고, 와현이나 구조라 해수욕장의 모래는 약간 노르스름한 빛으로 질감도 거칠어서 보리에 비유하기도 했다. 그러므로 회진마을의 백사장이 더 좋다고 으스대는 마음이 있었다. 구조라 와현 해수욕장의 해변이 회진마을보다는 규모가 넓고 해안선이 아름다운 것이 사실인데 말이다.

하얀 백사장에는 두 그루의 포구나무가 있었다. 나무는 사시사철 푸른 잎을 나풀거리며 쉼터로써의 역할을 톡톡히 했다. 마치 엄마와 아기처럼 큰 나무와 작은 나무가 한 쌍을 이루어 마을을 지키는 당산나무로서 우람하게 자라 그늘을 만들었다. 기쁜 일이나 슬픈 일이나 가리지 않고 두루 들어주고 따뜻하게 품어줄 것처럼 보

1960년대 지세포마을 풍경

였다.

지세포는 우리나라의 지도를 닮았었다. 와현마을 입구에서 지세포를 바라보면 오른쪽은 동해를 연상시키듯 엉덩이를 불룩하게 내밀고 있는 듯했고, 왼쪽은 편편하게 펼쳐져 있어 평야가 연상되었다. 물론 소동마을은 위쪽 마을로 옥녀봉이 둘러싸고 있어 함경도라고 상상했다. 와현마을 초입에서 내려다보는 지세포와 소동은 우리나라 전체 지도였고, 대신마을은 38선으로 그리면 되었다. 그러고 보면 소동, 신촌은 북한이었고 회진, 선창, 공령마을은 남한이라 하면 될까.

와현마을로 들어서기 전에 양옆에는 마을의 공동묘지가 도로를 사이에 두고 나비의 날개처럼 펼쳐져 있었다. 묘지 아래에는 황토

굴이 하나 있었는데 굴 입구에는 마르지 않는 샘물이 있어 고갯길을 넘어가던 사람들에게는 목을 축일 수 있는 귀한 물이었다. 가끔 어린 우리들은 그 물을 손으로 받아 마시면서 '캄캄한 밤에 맛있게 마셨던 물이 아침에 눈을 떠보니 해골에 담긴 물이었다'는 원효대사의 전설 같은 이야기를 떠올리기도 했다.

"이 샘물은 공동묘지에서 흘러 내려오는 물이니 시체에서 흘러 나오는 물일 수도 있어" 라거나 "귀신들이 내려주는 물이라 맑고 깨끗하다"는 등 지금 생각해 보면 어처구니없는 이야기지만 때로는 그 말을 믿기도 했었다. 사실 묘지는 산이었고, 거제도는 섬이지만 산이 울창해서인지 물이 맑고 부드러웠으며 풍부했다.

내가 태어난 회진마을은 일운면에서 제법 큰 마을에 속했다. 인구도 많고 먹을거리도 풍부하고 무엇보다 아이들이 많았다. 비록 지금은 어른들만 남아있지만. 아마도 바닷가에서 물고기를 잡아 생계를 유지하던 때에는 바다와 접해있어 먹거리가 풍부해서였을 게다. 특히 지세포 회진마을은 어촌과 농촌이 적절하게 조화를 이룬 마을이었다. 그렇지만 바다는 무한히 넓어 생계를 유지하는 방안을 뽑으라면 어촌으로 분류하는 것이 적확하다고 나는 생각한다. 동네에는 멸치 어장이 두 군데가 있었고, 바닷가에는 바지락이나 개조개 그리고 맛조개가 있었다. 선창 어디에서든 낚싯대만 드리우면 물고기가 잡혔다. 아침상이나 저녁상을 차리기 전에 잠시만 바닷가에 서서 낚시를 하면 그날의 생선 반찬은 쉽게 해결했다. 그리고 청각이나 톳, 모자반, 서실 같은 해조류가 있었고, 겨울에는 굴과 홍합, 고동 그리고 미역이 흔했다. 어장주의 멸치막

산판에 있던 멸치 말리던 판

의 넓은 공터와 바닷가 산판에는 항상 멸치들이 널려 있었다. 수영하다 배가 고프면 쌓아놓은 멸치를 집어 먹으며 배고픔을 달래곤 했다.

　선창의 돌 틈 사이사이에는 강구가 살았다. 돌이켜 생각해 보면 지네처럼 많은 다리를 달고 있는 강구를 징그럽게 여길 수도 있는데 우리는 누가 많이 잡나 하는 내기를 하며 놀았다. 편견이 없는 동심의 세계에서는 강구는 강구일뿐, 형체에 감정을 덧칠하지 않아서인지 징그럽다는 생각을 하지 않았다. 썰물 때는 바닷가에 그림을 그리며 놀았고, 밀물이 되면 나란히 부둣가에 서서 낚시에 몰입했다. 해안으로 밀려드는 물고기를 구경하고, 갈매기들이 물고기를 낚아채는 모습을 자연스럽게 받아들였다.

　들판을 가로질러 흐르는 하천에서는 병아리와 미꾸라지가 잡혔다. 동네 청년들은 미꾸라지나 병아리를 바께스에 담아서 우리집에 팔러 오곤 했다. 모두 잠든 시간임에도 대문 밖에서 조용히 누군가가 "어무이"하고 부르면, 어머니는 우리가 잠이 깨지 않도록 조용히 호롱불을 켜서 그 생물들을 사곤 했다. 잠귀가 밝은 나는 어머니의 조심스러운 발소리를 듣고 그것을 뒷집에 살던 오빠가 가져왔다는 것을 알았지만, 잠든척할 때가 많았다. 작은 푼돈은 학용품비가 될 수도 있고 학비가 될 수도 있었을 터였다.

바닷가의 크고 작은 돌 밑에는 군수나 해삼이 잠들었고, 돌에는 덕지덕지 고동과 홍합 그리고 굴이 박혀있었다. 청년들은 그믐밤이면 횃불을 들고 발목을 적시며 걸으면 게와 문어 같은 생물이 밝은 빛을 찾아 몰려들었고 돌 밑에 있던 해삼이나 군소도 해변으로 몰려들었다. 그것을 팔아 용돈을 만들었다. 게을러서 그대로 둘 뿐, 필요할 때는 언제든지 해산물을 채취하여 간식이나 밥상에 올렸다. 그렇다고 바다에만 먹거리가 있는 것은 아니었다. 산에는 갖가지 산나물이 즐비했고, 물이 풍부한 들녘에는 벼들이 자라고, 고구마나 감자, 옥수수, 콩류가 자랐다.

시골 마을은 항상 왁자지껄했다. 아이들은 떼를 지어 몰려다녔고, 할머니들은 포구나무 그늘에 모여서 담소를 나누거나 마을의 어느 한 집에 모여서 놀았다. 아이든 어른이든 경계 없이 집을 드나들며 지냈다. 그러나 지세포의 지형은 많이 변했다. 헝클어졌다고 할까. 들판에는 아파트와 상가가 들어서서 평야는 사라졌다. 남쪽에 해당하던 선창마을과 해변에는 횟집이 즐비하다. 완만하던 동쪽 바다는 수변공원과 해안산책로가 생겨 새로운 길이 났다. 와현마을 초입에서 지세포를 내려다보니 우리나라 지도는 흔적도 없다. 대신에 아파트와 호텔 그리고 펜션단지가 있어 밤이 되어도 화려한 조명 빛은 꺼질 줄을 모른다.

회진마을에 있는 포구나무

해변의 포구나무는 매립으로 인해 해변이 아닌 마을 안쪽에 한 그루가 남았고, 들판에도 한 그루가 남았다. 큰 포구나무는 어느 해에 번개를 맞아 쓰러졌다고 했다. 결국 지금 남아있는 포구나무 두 그루는 아기 나무가 자라서 어른 나무가 된 것이다. 마치 아이였던 내가 어른이 된 것처럼 말이다. 내가 살았던 때의 어르신들은 대부분 돌아가시거나 요양원으로 떠나셨다. 아이들의 웃음소리는 거의 들리지 않는다. 빈집은 늘어가고, 마을은 더없이 조용하다.

포구나무는 나의 어린 시절을 다 기억하고 있을 테다. 그리고 이 마을에서 살았던 사람들을 기억하고 있을 것이다. 가령 포구나무에 기대어 술래잡기하던 아이들이나, '무궁화꽃이 피었습니다'를 외치며 흩어졌다 모여들던 아이들의 발자국 같은 것을 간직하고 있을 것이다. 파도가 밀려왔다 밀려가는 것처럼. 때론 자치기를 하면서 포구나무를 때리기도 했었고, 떼를 지어 몰려다니며 까르르 웃던 웃음소리도 기억하고 있을 것이다. 자라나는 아이들은 포구나무에 재빨리 오르는 것을 자랑삼았다. 그래서인지 기 큰 포구나무의 껍질은 항상 반지르하게 빛이 났다. 나무는 고구마 줄기를 다듬으며 노래를 부르고, 멍석을 펼쳐 나락을 말리던 소리도 기억할 것이다. 밤이면 낮의 고단함을 피해 포구나무 아래에서 파도의 곡조에 맞춰 하모니카를 불던 애잔하고 구슬픈 사연도 기억하고 있을 것이다.

나는 두 팔을 벌려 포구나무를 안아본다. 슬며시 귀를 댄다. 내가 알지 못하는 이야기를 더 전해달라고, 내가 이 동네를 떠나고 난 후에 일어난 일들이 궁금하다고 말한다. 포구나무가 무슨 말이든 해 줄 것만 같아 눈을 감고 기대선다. 무성한 이파리들이 바람에 나붓대며 파르르 떤다. 할 말이 많다는 걸까. 어디서 무엇을 하다가 너는 이제 왔냐고 묻는 것일까. 천천히 천천히 나는 옛길을 더듬어 떠돈다.

김도원
부산경성대 영어영문학 전공, 경희사이버대학교 문예창작학과 석사 졸업. 2010년 《수필과비평》 신인상 등단

추억의 가설극장

누구에게나 좋은 추억은 있을 것이다. 나에게는 '가설극장'이 그렇다. 옥녀봉과 국사봉 산세는 아름답다. 병풍처럼 펼쳐진 산자락이다. 아양동, 아주동, 옥포동을 감싸 안고 있다. 옥포만의 바다는 이순신 장군의 첫 승전을 올리는 고장이다.

아주당은 거북이 모양을 한 모습이다. 거기에는 기념탑과 연회루 그리고 잔디로 꾸며진 광장이 있었다. 탑 앞에는 큰 칼을 칼집에 넣어 손으로 잡고 있는 이순신 장군 동상이 있었다. 보면 볼수록 우직하고 예리한 눈이 인상적이었다. 동상이 바다를 바라보는 모습이 예사롭지 않아서 나는 동상 모습처럼 자세를 잡아보기도 했었다. (고) 박정희 대통령시절 중화학공업 정책으로 아주당은 1974년도 이후 역사 속으로 사라졌다.

장승포는 일제시대 때 발전기가 있었다. 저녁 6시 부터 밤 11시

옛 장승포 항구

까지 가정마다 전기가 들어왔다. 거제도에서 유일하게 전기가 있었다. 장승포 항구는 밤이 되면, 전깃불 빛이 항구에 출렁이는 파도 따라 쉼 없이 춤을 추었다. 밤 11시 이후에는 불빛은 흔적도 없이 사라졌다. 사람들은 장승포 항구를 나폴리 항구라고 말을 했다. 나는 어린 나이에 그 말이 무슨 뜻인지 알 수가 없었다. 나폴리가 별나라에 있는지? 아니면 은하수에 있는지? 궁금하기도 했다.

아버지는 장승포 항구는 국제항구라고 했다. 초등학교를 다니면서, 흰색으로 칠한 큰 목선이 장승포 항구에 들어오고, 나가고, 정박한 모습을 보는 것이 다반사였다. 만물상회를 하는 외삼촌은 장승포에서 살고 있었다. 외삼촌에게 "저 배는 무슨 배입니까?" 하고 여쭈었다. 외삼촌은 "일본으로 가는 무역선이다." 하셨다. 나는

옛 관송바다 전경

"무역선은 무엇을 합니까?" 하였다. 외삼촌은 "거제도에서 잡은 생선을 배에 싣고 일본으로 간다."고 하셨다. 나는 무역선이란 단어를 잊어버릴까봐 입으로 외웠다. 신부시장 근처에 영화관이 있었다. 장승포 초등학교(당시, 국민학교)에서 공부를 마치면, 영화관 건물 앞에 가서 영화 그림을 보고 호기심이 들었다.

영화는 어떻게 할까? 그림을 어떻게 그릴까? 어떻게 들어가지? 하면서 두리번두리번 하다가 집으로 오기를 종종 하였다. 장승포에 살고 있는 또래의 말을 들어보면, 영화관 표를 구입하기 전에 엄마 치마 속에 들어가서 영화를 봤다고 자랑스럽게 말을 하는 친구가 생각이 난다.

동네 아저씨들의 이야기를 들어보면, 밤에 비가 부슬부슬 오는 날, 영화를 보고 신작로를 걸어오는데, 두모 마을에 있는 목수간(배를 수리하고 만드는 곳)을 지나면 쓰레기 버리는 곳에서 '귀신을 보았다'는 말을 듣기고 하고, 큰 고랑에서 '개여시를 만나서 혼쭐났다.'고도 했다. 나는 겁이 많아서 무서웠다. 관송마을 동네의 최고의 소문은 '가설극장이 열린다.'는 것이었다. 어린이부터 어른까지 가설극장에 대하여 화제의 꽃을 피웠다. 영화 상영 날짜만 기다렸다. 가설극장은 아주초등학교 운동장에서 했다.

관송마을에서 아주초등학교까지 신작로를 따라 걸으면, 약 한 시간의 거리다. 나는 영화를 볼 수 있다는 것이 신기하기만 했다. 그날은 저녁밥을 하느라 굴뚝에서 연기가 안개처럼 피어올라 바람 따라 이리저리 흩어지면서 온 동네를 덮어놓았다. 동네 사람들은 삼삼오오 무리를 지어 아주초등학교로 걸어서 갔다. 가는 길은 발걸음이 가벼워서 힘들어하거나 쉬었다가 가지 않고 곧장 갔다. 운동장에는 아양, 아주, 옥포에서 살고 있는 사람들이 모이는 장소다. 어른들이 반가워서 서로 안부를 나누는 정겨운 장소다.

영화를 보려고 가니 분위기가 달라졌다. 흰 천으로 가림 막을 하고, 임시로 입구를 설치하여 입장하는 사람에게 요금을 받고 들어가게 한다. 무슨 영문인지, 고등학생부터 어린이들은 못 들어가게 했다. 기대보다 실망이 컸다. 약 한 시간을 신작로를 걸어왔는데… 다리에 힘이 풀리고 눈에는 피로가 드리워 속눈썹이 내려온다. 어찌할 수가 없다. 그러나 큰 형님들은 어떻게 해서라도 극장에 들어갈 기회를 만들려고 노력하는 모습이었다. 느슨한 감시 틈을 타서 천막 밑으로 잽싸게 들어가는 모습을 보았다. 대단한 용기

책 읽는 아이(필자)

다.

  그 모습을 보면서 괜스레 가슴이 두근두근하고, 긴장이 되면서 불안했다. 긴장을 하면 소변이 마렵다. 소변을 하려고 하면 소변이 찔끔찔끔 나오다가 멈춘다. 천막 밑으로 들어간 큰 형님들은 어떻게 되었을까? 잡혔을까? 무사했을까? 궁금했다. 집으로 오는 발걸음은 왜 이리도 무거운지 어두운 밤을 지켜주는 눈썹달만 발걸음을 재촉해 주고 있었다.

가설극장은 내 기억으로 영화를 본 경험은 그리 많지 않다. 60년도 당시에는 문화를 접할 수 있는 곳은 장승포 신부시장 옆 공터에서 서커스와 연극 그리고 아주초등학교에서의 가설극장이 전부였다. 그리해도 그때가 그립다. 왜냐하면, 온 동네가 입소문으로 최고의 분위기다. 어렴풋이 기억나지만 가설극장이 얼마나 좋은지, 소소한 사연들은 내 맘속에 소중하게 간직되고 있다. 그 시절은 내 어린 시절 최고의 설렘으로 지금껏 마음속을 요동치게 한다.

김주근
거제 아양동(관송마을) 출생. 거제대 사회복지학과 졸업. 2019년《국제문단》시·수필 신인상. 거제타임라인 칼럼니스트, 신한기업(주) 대표

정들면 고향이지!

 아버지를 따라 강원도 묵호로 이사 갔을 때 여섯 살이었다. 꼬맹이였던 나는 너무 어려서 세상이 어떤 모양인지 아는 바가 없었다. 명태를 따서 덕장에 널고 오징어를 따서 말리는 세상이 전부였기 때문에 사람이 사는 세상은 다 춥고 힘들다고 생각했다.
 세상의 동네마다 언덕에는 덕장이 있고 부둣가의 어판장에는 명태에 섞여들어 온 잡어를 줍는 아이들이 있는 줄 알았다. 아이들은 묵호의 언덕길을 뛰어서 오르고 내리며 학교에 다녔고 교실마다 아이들이 넘쳐서 북적거렸다. 묵호여중에 입학했더니 교실이 모자라서 운동장 자투리땅에 임시 천막을 쳐서 아이들을 가르쳤다. 1981년 때의 이야기이다.
 가진 것이 없고 건사할 가족이 많은 가장은 명태와 오징어잡이로 성시를 이루는 묵호로 몰려들었다. 그중의 한 사람이 필자의 아버지였다. 자본이 있는 사람은 작게라도 덕장을 임대하여 명태와 오징어 건조 사업을 했지만, 대부분 사람은 어선을 타거나 일용 노동자로 일했다. 그러다 저녁이 되면 묵호항 인근의 음식점과 술집은 항상 사람이 몰려들었고 어린 나도 아버지를 모시러 단골 선술집에 자주 갔다.

작은 비탈길을 사이에 두고 양철지붕이 잇대거나 마주 보고 있었는데 모두 대문이 없었다. 보통 서너 명 이상의 아이들이 있던 이웃들은 감추고 숨길 게 없을 정도로 친했다. 어머니가 동생을 낳았을 때, 밥그릇을 쥐여주며 앞집에서 먹고 학교 가라고 했을 정도였다. 어린 여자애에게는 감당하기 버거운 일들이었지만, 맏딸은 당연히 그래야 한다고 생각하며 묵묵히 감내했다. 지금 생각해 보면 그때의 일상이 나를 강하게 만들었던 것 같다.

다시 고향인 거제로 돌아온 중1의 어린 여자애 눈앞에는 전혀 다른 세상이 펼쳐져 있었다. 할머니는 소 마구간을 개조하여 월세방을 놓고 있었고 이웃 사람들과 친척들은 조선소 작업복을 입고 출퇴근을 했다. 출퇴근 시간이 되면 통근버스가 줄을 이어 달렸다. 인구는 해가 갈수록 늘었고 자고 나면 신축 중인 아파트가 한 층씩 올라가 있을 정도로 거제시의 경기는 활력이 있었다. 동네 개도 지폐를 물고 다닌다고 너스레를 떨던 시절이었다.

그러나 호황기를 지나면서 세상은 점차 바뀌어 갔다. 유일한 백화점에 사람이 보이지 않고 빈 아파트가 늘어갔다. 그러나 그때만 해도 일시적인 침체 현상이라고 믿었다. 조선 경기가 살아나면 다시 거제시는 부활할 것이라고 다들 믿었다.

묵호를 떠나온 지 거의 30년이 지난 어느 날, 남편과 묵호 여행을 했다. 추억 여행인 셈이지만 당시에 같이 살던 사람들은 거의 다 떠나고 없었다. 경기를 따라 모여든 사람들은 결국 경기를 따라 떠나는 게 정상일 것이나 우리 거제시의 상황을 떠 올려 보니 그 현상은 생경했다. 그때 깨달았다. 우리 거제시의 잠재력은 이것이구나.

대기업인 양대 조선소에 근무하던 사람은 거의 장기근속하는 추세인데, 그러다 보니 거제시에 정이 들어서 노후까지 보내고 있다. 자식들의 고향이면서 제2의 고향이 된 셈이다. 거제시 인구의 절반 이상이 외지에서 들어온 사람들이고 그중 70% 정도는 거제인이 되었다는 통계도 있다.

외지에서 이주한 조선 노동자의 2세나 3세들은 스스로 거제가 고향이라고 말한다. 우리 거제시처럼 수 백 년 전부터 거제에 정착한 원주민과 여러 지역에서 모여든 사람들이 큰 갈등 없이 더불어 사는 지역 사회는 흔하지 않다. 대기업이 지역의 경제를 좌우하는 일부 공업도시 중 거제시가 가장 모범적인 지역이 아닐까 싶다.

그러나 이 장점을 살리기 위해서는 정치인과 행정기관의 배려와 지원이 필요하다. 그들은 비록 거제인이 되었지만, 항상 고향을 그리워하게 된다. 수몰민이 평생 물에 잠긴 고향을 그리워하는 것과 같다. 나이가 들수록 향수는 강해지는 법이라서 자발적으로 지역별 향우회를 조직하여 우애를 다지고 향수를 달래고 있다.

이 특성은 큰 강점이다. 향수를 애향심으로 승화할 수 있다면 지역 갈등과 계층 갈등을 해소하고 사회적 통합을 이루는 데 큰 역할을 할 것이다. 나아가 우리 거제시가 나서서 향우회 활동을 공적 지원하여 활성화를 꾀한다면 지역 사회의 통합에 기여할 수 있는 시너지 효과를 높일 것이고 그것이 바로 거제시의 경쟁력을 더 높일 것이다.

시민의 행복이 바로 지역 사회 발전의 원동력이다. 억양과 발음이 약간 다른 말투를 쓰더라도 이미 거제도의 지역 정서에 동화된 유입 거제인과 조상 대대로 이 땅에 뿌리를 내리고 사는 토박이거제인이 거제시의 번영을 함께 견인해 왔다. 조선산업은 조선산업대로 발전해나가야 하겠지만 이젠 편향적인 산업구조에서 벗어나 관광산업과 에너지 전환사업 등 미래지향적인 영역으로 나가야 할 때이다.

이렇게 중차대한 시기에는 시민들의 마을 공동체 의식이 필수적이다. 지역 사회 구조의 특성을 제대로 파악하여 대처한다면 거제의 부활은 멀지 않았다고 믿는다.

옥은숙
연초중, 거제고 졸업, 세계사이버대학NGO환경조경학과 졸업.
전) 경남도의원, 참교육학부모회 거제지회장

숲래의 굴레

 붙들고 싶은 시절이 있었다. 꽃향기에 취해 들떠 있다가 정신을 차려보니 한참이나 멀어진 봄의 뒷모습에 아쉬워하는 풍경 같은 시절이었다. 귀밑 1.5센티미터의 단발머리만큼 짧았던 한때. 왜 그렇게 흔들렸는지, 왜 그렇게 작은 일에도 가슴이 떨렸는지 모를 일이었다. 책가방의 무게만큼이나 내 마음은 무겁기만 했다. 마음에도 무게가 있다면 그 속을 채우고 있는 공허함을 떼 내어 덜어 내고 싶다는 부질없는 생각을 하기도 했다. 가슴에 들어찬 지독한 사춘기의 허무함까지 더해져 나는 멀미하는 사람처럼 어지럼증을 겪었다.
 그와의 만남은 이런 나의 열병에 불을 붙였다. 무슨 이유로 그토록 좋았는지 모를 일이었다. 가슴에 촉수라도 생겨난 것인지 그를 향한 마음은 고무줄처럼 늘어나기만 했다. 수업을 마치면 곧장 집으로 가지 않고 그에게 갔다. 한결같이 변함없는 모습으로 나를 대해주었지만 언제나 안달하며 달려가는 사람은 나였다. 시간이 갈수록 그를 꽁꽁 묶어 내 안에 가두고 싶다는 생각이 들었다.

　이상하게도 그의 앞에 서면 아무것도 잃어버린 것은 없건만 소중한 것을 잃어버린 사람처럼 가슴 한편이 휑하기만 했다. 눈물이 날 만큼 아름다운 날에도 가슴은 슬픔으로 부풀어 올라 시큰거렸다. 변덕스럽게 들썩이는 감정에 나는 약도 없는 신열로 가슴앓이를 했다.

　그에게 애틋이 여기는 여인이 있었노라는 이야기를 들었다. 그의 사랑에 왜 내 가슴이 젖어드는지 몰라도 나는 고개를 주억거렸다. 그 후로 내 외로움은 더 깊어졌지만, 가슴을 물들였던 것에 대한 의문이 풀리는 듯했다. 조금이나마 그의 마음을 들여다볼 수 있게 된 것 같기도 했다. 변함없는 마음으로 우러러보기만 했던 삼 년의 시간. 짧기만 한 시간도, 아주 긴 시간도 아니었다. 그러나 그 시간은 머언 산허리의 안개 같기만 한 나의 빈 가슴에 희뿌연한 씨앗 하나를 품게 만들었다.

　내가 다니던 중학교를 지나 몇 십 미터 떨어져 있지 않은 곳에 '부산남여자상업고등학교'가 있었다. 정성스레 잘 가꾼 부잣집의 넓은 정원같이 아름다운 학교였다. 특별한 것은 이 학교에 청마 유치환의 시비가 여럿 있다는 것이었다. 국어 교과서에 나오는 시가 바위에 새겨져 있는 것이 신기하기만 했다. 마음이 헛헛한 날은 몇 번이고 마음에 새기듯 그의 시를 읽고 또 읽었다.

　계절에 따라 시비의 풍경도 바뀌어 봄이면 조랑조랑 맺힌 키 작은 들꽃 위로 벚꽃은 꽃눈깨비로 내려앉았다. 잔기침 소리에도 하롱하롱 날아갈 것 같은 꽃잎은 그의 연시戀詩와 한 몸이 된 듯했다. 들썩이던 봄과는 다른 계절 가을. 나는 노랑으로 빨강으로 조용히 물들어 가는 나뭇잎을 보며 가을 몸살을 앓았다. 시비 아래 쌓인 낙엽이 바람이 불 때마다 굴러다녔고, 그의 시는 내 가슴에도 서걱서걱 소리를 내며 울고 있었다.

　비가 오면 비 때문에 바람이 불면 바람이 불어서, 모두가 그에게 향하는 이유가 되었다. 겨울이 되면 한동안 볼 수 없어 서운했지만, 이미 내 마음에 새겨두었으니 괜찮았다. 그러다 문득 왜 하필 그의 시비가 이 학교에 몇 기씩이나 있는 것인지 궁금해졌다. 그러나 그 궁금증은 얼마 지나지 않아 풀렸다.

　안타까운 그의 죽음. 겨울의 한복판에 큰 별 하나가 떨어졌다. 그가 섰던 자리는 삶과 죽음의 경계 어디였기에 죽음이 손을 내밀었단 말인가. '청마 유치환', 뜨겁게 살았던 대문호는 온기라고는 없는 2월의 차가운 땅에서 스러져갔다. 어느 누구의 죽음인들 슬프지 않을 죽음이 있겠냐만 쉰여덟, 너무나 아까운 나이에 그는 떠났다. 굳게 닫힌 이승에 문 앞에서 마지막 까지 놓지 못하고 가슴에 담은 시어들을 당신은 어찌 삼키고 떠났을까. 다시는 닿지 못할 숨결을 교정에 남겨두고 생애 마지막 교장으로 재직하던 학교를 떠났다.

　바위와 같이 단단하게, 때로는 말랑말랑한 시어로 가슴을 녹여내듯 떨리는 감동을 주었던 시인. 그러나 너무나 허망하게 떠난 그를 기리며 그의 시를 새긴 시비를 세워놓은 것이었다. 안타까운 그의 죽음은 풀어지지 않을 단단한 슬픔 덩어리를 가슴에 남겨두었다.

우리 학교 앞을 거쳐 가야만 되는 출퇴근길이었다. 외길이었기에 어느 한순간이라도 우리 학교 교정에 머물렀을 그의 눈길을 떠올렸다. 사춘기 소녀들의 웃음소리로 채워지던 길. 학교 앞 작은 점방에서 뜨거운 어묵국물을 불어가며 맛있게 먹던 여학생들의 모습을 그는 어떤 눈으로 바라보았을까. 제자들을 바라보는 그의 시선은 얼마나 따뜻하였을까.

슬프고도 아름다운 이야기가 남겨진 길 하나가 내게 생겼다. 지각이라도 할까 잰걸음으로 걷기에 바빴던 길에 애잔한 사연이 덧입혀졌다. '사랑하였으므로 나는 진정 행복하였네라'는 그의 싯귀가 긴 그림자처럼 붙어 다녔다. 그가 매일 같이 걸었던 길을 나는 걷고 또 걸었다.

세월이 흐른다고 그렇게나 나를 흔들던 사람이 잊힐까. 그와의 인연은 영원히 끝나지 않을 굴레처럼 은근히 나를 따라다녔다. 그럴 때마다 아스라한 추억처럼 남겨진 그의 시는 내 머릿속에 떠다니기 시작했다. 그의 시를 읽을 때면 행간의 모든 시어들이 나를 향해 있는 것 같았다. 숨바꼭질하듯 숨어있는 의미를 찾느라 나는 언제나 술래가 되었다.

'거제 둔덕'이라는 그의 출생지. 그리고 나의 출생지. 육지의 어느 땅 한 귀퉁이라도 붙일 곳이 없어 바다에 떠있는 외로운 섬 거제도. 그중에서도 둔덕의 산방산 아래 작은 마을이 그의 고향이다. 코와 입 사이의 인중처럼 누구도 관심 가져주지 않는 후미진

청마 유치환 시인의 생가

곳에서 태어난 그와 나.

그와 나는 태를 묻었던 고향으로 돌아왔다. 나는 말라비틀어진 호박오가리처럼 볼품없는 모습으로 돌아왔고, 그는 한 줌 흙이 되어 돌아왔다. 나는 가슴에 단 코 수건을 겨우 떼어낼 즈음 떠났고, 그는 젖 냄새를 남겨두고 떠났다. 하지만 고향땅은 그를 잊지 않았다. 당신을 사랑하는 많은 사람들은 돌고 돌아 고향 품에 안긴 청마를 반기며 애닲은 마음으로 추모했다.

생전 노래했던 '거제도 둔덕골'의 시구절처럼 그는 팔대로 내려 부조父祖가 살았던 산방산 비탈 돌아왔다. 사시장천 벗고 섰는 산

청마 유치환 시인의 무덤

　비탈 '지전당'골에 서린 청마의 혼. 그의 넋을 위로하듯 봄이면 매화꽃 향기가 봄을 깨우고, 지천으로 피어나는 노란 수선화 물결은 또 어떤가. 사계절 내내 꽃과 바람의 향기가 가시지 않는 곳이다.
　'청마 유치환의 무덤', 오래 전 글쟁이들의 세상에 첫발을 내딛으며 두려움과 설렘으로 제일 먼저 찾았던 곳이다. 내게도 시간은 비껴가지 않아 너들겅, 된비알에 뿌린 씨앗이 힘겹게 꽃을 피우고 열매를 맺었다. 어정잡이 글쟁이를 탓하지 않고 귀하디귀한 열매를 내밀어 주었을 때 나는 알았다. 오래전 단발머리 중학생 가슴에 새겨진 청마의 시가 종자 씨앗이 되었다는 것을.
　그는 알았을까. 당신이 남긴 시가 이렇듯 수많은 사람들의 가슴에 고이게 될 줄을. 나는 뜨겁게 달아오른 가슴으로 고했다. 당신이 섰던 자리가 보이지 않을 만큼 멀리 있다 해도, 당신이 걸었던 길을 가겠노라고. 당신이 매일 걸었던 그 길을 내가 걸었던 것처럼 내게 남은 시간도 당신이 걷던 그 길을 걸어가겠노라고.

어디로 가야 할지 이 길이 맞는지 날을 세우고, 고개 저으며 돌아선 날이 얼마나 많았던가. 아득히 멀기만 하여 내 눈에 보이지 않을 문학의 길에서 나는 아직도 서성이고 있다. 그럴듯한 시어 하나를 붙잡기 위해 나는 술래가 되어 언제나 당신의 언저리에 맴돌 것이다.

끝내 찾을 수 없다 해도 이 지독한 술래의 굴레에서 나는 영원히 벗어나지 못할 것만 같다.

고혜량
《문학청춘》 수필·《문장21》 시 등단. 고운 최치원문학상(본상). 청마詩낭송대회대상. 순리문학상, 《타임라인》 월요문학 작품상. '생명의 강 낙동강' 공모전 대상 수상. 거제수필문학회장 역임. 수필집《꽃은 어둠 속에서 핀다》. 한국문협 회원. 거제문협, 동량·청마기념사업회 이사

이
경
자

고향 아닌 고향이 된 덕포

    거제도 덕포 바닷가에 통나무 집을 짓고 산 지도 30여 년 세월이다. 모든 것이 엊그제만 같은 시간들이기에 삶은 한낮의 환영같은 것일까. 지나간 시간들이 꿈만 같이 느껴진다. 인생의 남은 날이 멀지 않은 지금은 지나간 삶 속에서 즐겁고 행복했던 순간들만 기억하고 싶다.

    산을 넘고 넘어 광야같은 세상에서 가끔은 오솔길을 만났으며, 재잘대며 흐르는 맑은 시냇물도 작은 풀꽃들도 만났다. 어둠이 걷힐 때면 청명한 하늘과 좋은 이웃들도 만나 동행하는 나날 속에 '덕포'는 나에게 고향 아닌 고향으로 자리매김하고 있다.

    6·25전쟁 때 월남하신 부모님의 고향이 함경도 북청인지라 어려서부터 고향이 어디냐고 누군가 물어보면 나는 늘 할 말이 없었다. 대전에서 출생하여 서울에서 살다가 20대에는 파독 간호사로

이경자 作 〈덕포 산책길에서〉

　독일 함부르크에서 살고 귀국 후에는 서울과 부산, 거제도 까지 두루두루 돌아다니며 살다보니, 정체 불명한 나의 말투부터 나는 고향이 어딘지 모르는 사람이 되었다.
　남편의 직장을 따라 40여 년 전 배를 타고 들어온 거제도, 이곳을 내 고향이라고 정하며 그때부터 덕포 양지바른 언덕에 터를 사고 집을 짓고 살기 시작했다. 당시에는 30여 년 전이라 좋은 집도 없었고, 작고 나즈막한 시골집 몇 채만 있었다. 바닷가에는 온통 모래사장뿐….
　어디선가 본 통나무집이 예뻐서 통나무집을 짓고자 했을 때 동네 사람들은 통나무집은 태풍 불면 날아간다고 했던 일이 기억난다. 실제로 매미 태풍 때는 집이 날아가는 줄 알고 밤새 얼마나 무

이경자 作 〈우리 집(통나무집)〉

서웠던지…. 커다란 미루나무가 쓰러져 지붕을 덮친 일 외에는 다른 이상은 없었던 것이 다행이었다.

언덕에 노란 들국화가 가득히 피어 있던 햇살 화사한 가을 어느 날 첫삽을 뜰 때 들국화 향기가 가득히 퍼지고 붉은 황토흙 냄새가 하늘을 진동하던 그 감격은 생각하면 지금도 기억에 생생한 추억이다.

그러나 몰랐던 사실은 밤이면 칠흑같은 어두움에 마당에 발조차 디딜 수 없는 상황이었다.

요란한 풀벌레 소리, 개구리 우는 소리 들으며, 어두움이 물러가면 새로운 반전, 시골의 아침햇살은 얼마나 찬란하고 밝은지. 설레임과 뛰는 가슴으로 창문을 열고, 새들과 나무와 꽃들 그리고 그 위에 찬란한 햇살을 향해 굿모닝을 외치며 아침인사를 나누는 일이 정말 행복했다

지금은 집들도 많아지고 밤에도 환해져, 어느새 서서히 그때만큼의 감격스런 아침을 맞는 일은 없어졌다. 알만 한 관광지를 많이 다녀본 경험으로는 거제도만한 천혜의 자연을 가진곳도 없는 것 같다. 수시로 변하는 아름다운 바다 빛과 작은 섬들, 배들이 옹기종기 모여 있는 작은 포구들….

언제부터인가 사람들이 바닷가 모래 위를 맨발로 걷기 시작했다. 나도 따라해보기로 하고 코로나 때부터 지금까지 매일 아침 맨발걷기를 하고 있다. 아무도 밟지 않은 깨끗한 모래 위에 첫 발자국을 찍을 때 내 입에서는 늘 탄성이 터져 나온다.

그 부드럽고 따뜻한 느낌을 어찌 표현할 수 있을까? 말할 수 없

이경자 作 〈덕포의 밤〉

이 행복해진다. 눈부신 햇살 속에서 지구라는 푸르고 아름다운 별을 밟고 우주 한가운데 떠 있다는 사실을 고스란히 몸으로 느낀다.

삶과 죽음에는 경계가 없다는 생각을 하며, 내가 영겁의 모래가 되고, 바다가 되고, 다시 바람이 되어 나는 사라진다. 순간 조금 전까지는 세상 소리에 묻혀 들리지 않던 새소리가 들리고, 밀려오고 나가는 물결들의 이야기 소리가 들리기 시작한다.

가끔씩 물 위로 튀어 오르는 은빛 반짝이는 물고기는 환호하며 나를 반겨 기쁘게 하고, 나에게 계속 말을 걸어 오는 파도와 이야기도 나누며, 모래 위에 곧 사라질 나의 발자국을 남긴다.

물 위에서 춤추는 햇살을 두 손 모아 한 움큼 떠올리면, 손가락 사이로 보석처럼 떨어지는 햇살을 보며, 나는 아이처럼 웃는다. 이보다 예쁜 것이 세상에 있을까 기뻐할 때 도파민으로 차오르는 나의 뇌는 이미 천국에 와 있음을 느낀다.

죽어서만 가는 천국이 아니라 살아 있는 이 순간도 내가 원하면 언제든지 천국을 경험할 수 있다는 생각을 하게 된다. 자연과 하나가 되고 보이는 모든 것들을 사랑하게 만드는 이 아름다운 거제도 덕포는 나의 고향 아닌 고향이 되었고, 내게 덤으로 건강도 주는 고마운 곳이다.

나뿐만 아니라 거제도에 사는 모든 사람들은 복받은 사람들 이라고 나는 감히 말하고 싶다.

    고향 없는 자의 고향이 된 덕포
    몇 가구 없던 때
    산자락에 작은집을 지었다
    여름밤은 개구리 우는 소리
    밤하늘을 흔들었고
    달빛 별빛 찬란한 가을밤에는
    풀벌레소리 또한 요란했지

    새벽 여명이 밝아 오는 들판은
    어둠을 밀고 오는 태양의
    빛자락이 너무 엄숙하여

이경자 作 〈덕포천 산책길〉

무릎을 꿇어 기도하게 했지

하루의 시작이 행복하여
나무들과 새들과 꽃들과
창밖으로 보이는 모든것들에게
반갑게 인사를 나누었지.

덕포 나의 집
광야같은 세상 살아 오는 동안
나의 귀한 안식처
언젠가는 다 사라지겠지만

이경자 作 〈덕포바다 아침햇살〉

동화처럼 남겨 두고 싶은

나의 인생

별이 빛나는 밤이다

— 이경자 시인 〈덕포의 밤〉 전문

아침햇살 들판에 쏟아져 내리는 시간

눈부신 산등성이를 바라보며

설레는 마음으로 바다로 간다

영겁의 세월이 만든

아직은 아무도 밟지 않은 모래 위에

맨발로 걷는다

말할 수 없는 자유로움과 행복

다정히 말을 걸어 오는 파도소리

날마다 새날이 주는 축복이다

— 이경자 시인 〈덕포바다 아침햇살〉 전문

이경자
대전 출생. 《거제신문》 현상공모(시 당선), 《문학공간》 신인상(시) 생활문학 작품상. 거제시 여성합창단장 역임. 시집 《투망의 시간》(2011) 외 다수

김순도

아들과 딸의 고향이 된 거제

와현 모래 숲 해변을 걸으며

희뿌연 하늘이 연한 장밋빛으로 바뀌며 새벽은 깨어나고 태양은 맑게 씻은 얼굴 내밀 때면 나도 와현 모래 숲 해변으로 나갈 채비를 마치고 달려 나간다. 멀리 눈앞에 해금강이 훤히 보이는 모래 해변에서 신발을 벗어 던지고 맨발로 활기찬 걸음을 뗀다. 찰싹거리는 파도 소리는 노래처럼 들려오고 때론 한 줄기 바람이 얼굴을 스친다. 우리의 삶이 날마다 같지 않듯이 해변의 모래언덕은 하루도 같은 날이 없고 늘 다른 모습을 선보인다. 이 시간은 영혼의 때를 씻으며 거제에서 살아가는 기쁨을 맘껏 누리는 시간이다. 시멘트로 둘러싸인 도시 사람들이 그토록 며칠이라도 머물고 싶은 이곳을 나는 날마다 누리는 감사 넘치는 시간이다.

멀리 해금강 보이는
와현모래숲해변에서
맨발 걷기를 하며

해금강 저편에서 불어오는 바람을 맞으며 30여 년 전, 삶의 거주지를 창원에서 거제로 옮겨와 정착한 여정들이 바람처럼 스쳐간다.

거제와의 첫 만남

부부 교사였던 우리는 거제에서 딱 3년만, 바다 체험 시키며 아이들 키우고 다시 도시로 돌아가자며 마음을 모았다. 30여 년 전 창원 시내의 학교 현장은 4학년까지 2부제 수업으로 격주로 오전반과 오후반으로 등교시간이 달랐고 학교마다 학생수가 많아 늘 북새통이었다. 특히 오후에 등교할 때면 직장생활로 바쁜 우리 부부는 아이들 돌봄이 여간 힘든 것이 아니었다. 그래서 우리는 3년만, 부모와 밀착하고 자연과 함께 운동장에서 맘껏 뛰놀며 아이들 키울 수 있는 곳으로 가서 살다 오자고 작정했다.

그렇게 낙점된 곳이 거제였다. 학교 안에 관사와 운동장이 있고 바다가 가까이 있다면 최고의 장소라고 생각했다. 그렇게 3년 계획하였던 것이 30년이 넘었으니 삶의 절반을 거제에서 살아가고 있는 셈이다. 이쯤 되면 이제 거제는 나의 삶에서 가장 오래 머무른 곳이다. 우리 아들과 딸의 유년과 청소년의 추억을 고스란히 간직한 곳이 되었다.

1993년, '거제시 교육장이 지정하는 학교 발령을 명함' 사령장을 받았다. 사령장 한 장에 삶의 거처를 옮기는 우리는, 거짓말 같지만 거제에는 한 사람의 지인도 없었다. 우리 부부는 사령장 한 장달랑 들고 거제교육청을 방문하였다. 교육청 현관 위에는 무궁화 문양 안에 거제교육청이라고 쓰인 깃발이 나부끼고 있었다. 거제교육의 상징이 뚜렷하게 나타나는 로고가 있었으면 좋겠다는 생각이 잠시 스쳐갔고 곧 교육 과장실을 방문하였다. 당시 담당자는 진수진 과장이셨는데 잘 오셨다는 환영의 말씀과 함께 따뜻하고 친절하게 맞이해 주셔서 두려웠던 마음이 가라앉았다.

"과장님, 우리 부부는 작은 오지 학교를 희망합니다. 우리 부부의 재능을 발휘하여 문화예술 혜택을 받기 어려운 아이들에게 음악, 서예, 디자인, 영어 등 다양한 특화교육을 접목하고 싶습니다. 더불어 10살, 5살이 되는 우리 아들, 딸과 함께 관사에 머무르며 운동장에서 마음껏 뛰놀며 함께 양육하고 싶습니다."

"아아, 그러시군요. 정말 훌륭한 생각입니다. 제가 적절한 학교가 있는지 찾아보겠습니다."

며칠 뒤 연락이 왔다.

"김 선생님, 금년에는 관사가 있는 그러한 학교에 빈자리가 없네요. 내년에 자리가 나면 그때 다시 보겠습니다. 잠시 1년만 제 모교에서 봉사해 주시면 고맙겠습니다."

자신의 일처럼 배려해 주시는 고고한 학자풍의 과장님의 친절한 상담은 내내 거제에 대한 포근한 첫인상으로 남게 되었다.

1년 후, 거제의 학교 상황도 어느 정도 알게 되자, 나는 학동분교의 여러 선생님들께서 고향으로 가신다는 소식을 듣고 그곳 학교로 전근을 희망하며 몽돌해변 학교의 관사로 삶의 터전을 옮겼다.

마침내 둥지를 튼 학동 몽돌해변과 좁은 관사

삼십여 년 전 학동마을은 도시 같은 모양을 갖춘 지금의 상황과는 전혀 다른 모습이다. 몽돌 바닷가 마을 앞에는 바람을 막기 위해 서 있는 해송들이 마을의 역사를 말하며 줄지어 서 있고 몇몇 신축건물이 서 있는 정취 가득한 마을이었다. 새벽이면 어김없이 작은 어선이 먹이를 따라 오는 갈매기들과 함께 항구에 들어왔다. 새벽노을이 붉은 물감을 풀어 놓은 듯 번지면 태양이 주인공 되어 얼굴을 내미는 그림 같은 정경이 펼쳐지는 곳이다.

우리 가족이 머물게 된 곳은 연한 노란색 페인트의 슬래브 지붕이 얹어진 조그만 관사였다. 겨울이면 창문 틈새로 찬바람이 스며들고, 여름에는 방열이 안 된 슬래브 지붕에서 낮에 받은 태양열로 한증막처럼 열기를 내뿜어서 잠을 이룰 수 없는 집이었다. 지금

1994년 당시의 학동분교 교사校舍와 운동장

1 피아노를 가르친 신원호 선생님과 아이들(학동몽돌해변 풍경)
2 30여 년 전 학동몽돌해변의 풍경(필자의 모습)
3 관사 앞 좁은 마당에서 강아지 하늘이와 함께 즐거운 한때

처럼 에어컨도 흔하지 않은 시대라 당연한 듯이 더위에 맞서며 지냈다. 앞서 사셨던 분들이 슬래브 옥상 위에다 쓰다 만 이불을 깔아놓기도 한 것을 보면 생존하기 위해 부단히 몸부림친 것을 알 수 있었다. 아이들은 여름밤이면 관사 앞 작은 마당에 텐트를 치고 그곳에서 놀곤 하였다. 우리도 슬래브 옥상에 물을 받아 열기를 식히기도 하며 더위를 피하기 위해 끝없이 노력하였다.

10평도 되지 않는 관사에 아이들을 위해 피아노 1대를 들여 놓으니 우리 네 식구의 새우잠자리가 겨우 나오는 집이었다. 그래서 자연스럽게 우리들의 생활무대는 해변과 학교 운동장이 되었다. 그래도 이 관사는 우리 가족의 안온한 거처가 되었다.

태풍 덕에 TV 끊기

첫해 여름을 맞았다. 자주 태풍이 왔다. 바다에서 불어오는 강한 바람은 사납게 노자산 자락을 타고 거북바위 정상으로 치달았다.

"엄마, TV가 나오지 않는데요. 이게 왜 안 나오지?"

유선 회사에 문의하니 태풍 후에 선이 끊어진 것으로 보인다며, 이런 일이 잦다고 한다. 차차 연결 중이니 기다리라고 했다. 금방 복구될 줄 알았는데 1주일이 지나도 연결되지 않았다. 오지 체험을 제대로 하였다. 그런데 이게 웬 일인가. TV가 없는 세상을 1주일 이상 경험해 보니 다른 세상이 펼쳐졌다. 나는 이번 기회에 '바보상자'를 끊고 우리가 좋아하는 다른 활동을 해 보자고 제안했다. 고전음악, 명작 영화 테이프 등을 테이블에 올려놓고 선택하기로 하였다. 월트디즈니의 '라이온 킹', '오페라 마술피리', '미녀와 야수' 등이었다. 이때부터 아이들이 좋아하는 음악을 틀고 책을 읽기도 하고 휴식 시간에는 운동장에 나가 놀기 시작했다.

바로 이거였구나. 수천 명의 학생들로 북적거리던 시내의 학교에서 이곳 한적한 거제를 찾아온 이유가! 운동장에서 맘껏 뛰놀며 자연과 함께 살아 볼 기회가 온 것이었다. 아예 이참에 유선 TV를 끊어 버렸다.

자연재해로 우연히 주어진 기회였는데 집안의 공기는 완전히 바뀌었다. 아이들의 의견을 들어가며 월트디즈니의 애니메이션 비디오테이프를 하나둘씩 비치하고, 피아노 치기, 영어공부, 클래식 LP 듣기, 카세트로 영어 동화 무한반복 듣기, 운동장에서 공놀이 하기 등 TV 없는 여유 시간으로 우리가 좋아하는 많은 것들이 가능하게 됐다. 대신 방학 때는 도시 문화 체험을 가기로 약속했다. 부산 영광도서에서 책 3권 선택 후 고르기, 국보레코드에서 음반 2개 고르기, 서울 교보문고 방문하기, 예술의 전당에서 공연 관람하기, 조수미 음악회, 통영문화예술회관 연주회 가기 등이었다.

실제로 영어 교육을 접목하여 책을 골라 읽으며, 만나고 싶은 책의 저자를 직접 방문하는 것을 실천하였는데, 영어 전도사 헨리 홍 선생님을 만나러 갔더니 거제에서 서울까지 온 그 정성을 보고 반가이 맞아 주셨고 책에 친필 싸인과 기념 촬영까지 해주며 칭찬과 격려를 아끼지 않았다.

아이들은 먼나라 이웃나라, 삼국지, 각종 세계사 서적과, 역사신문 등 역사책과 위인전을 즐겨 읽더니 먼나라 이웃나라의 작가 이

원복 교수(덕성여대 교수)를 만나 뵙기를 소원했다. 즐겨보던 책을 승용차에 싣고 이원복 선생님의 연구실로 찾아갔다. 마침 이 시기에 선생님께서 해외로 출타하셔서 직접 만나지는 못했지만, 그저 이런 다양한 분야에 대한 접근이 아이들의 학습에 즐거움을 더하고 공부하는 방법을 알려주는 계기가 되기를 소망하였다.

아들과 딸은 다섯 살 터울로, 직장 다니며 늦게 퇴근하는 부모를 대신하여 큰아들이 동생을 돌보는 일이 다반사였다. 학동 분교에서는 매주 수요일 오후 본교인 동부초등학교로 가서 여러 가지 업무 연락을 받고, 교직원 회의, 직원체육, 환영회, 송별연 등 다양한 행사를 한다. 그럴 때는 간혹 밤이 늦은 시간에 귀가할 때가 있었다.

그날도 본교의 여러 행사로 저녁 9시경 귀가하게 되었다. 바쁜 마음으로 학교 운동장에 차를 주차하고 내렸다. 하늘에는 보름달이 휘영청 대낮처럼 밝고 운동장에는 달빛이 가득 찼는데 어딘가에서 음악 소리가 은은히 울려 퍼지는 것이 아닌가! '아니 이 음악 소리는 어디서? 모차르트의 마술피리다. 작은 집 관사에서 우리 아이들이 음악을 듣고 있구나.'라는 생각에 온몸 전율을 느꼈다. 부모도 없는 집에서 아이들 둘이서 이렇게 놀고 있다니! 행복은 멀리 있지 않았다. 복잡한 도시의 큰 아파트가 아니더라도 10평도 되지 않은 비좁은 집에서 가족이 이렇게 행복을 느낄 수 있다는 것이 기적과도 같았다. TV가 없는 공간에서 아이들은 이렇게 성장해 갔다.

온 학부모와 함께한 운동회에서
할머니와 함께 춤추는 1학년 딸 예나린

운동회에서 아들 한결과 필자
전교생 모두가 릴레이 선수

자연이 선물해 준 즐거운 학교에서

1994년 동부초등학교 학동분교장, 전교생 45명!

1학년부터 6학년까지 모두 형제자매 같았으며 한 가족이었다. 아이들의 교육 무대는 넓고 푸른 바닷가와 운동장이었다. 파도가 한번 밀려올 때마다 서로 몸을 부대끼어 자글자글한 소리를 내는 몽돌이 1.2km나 펼쳐져 있던 이곳, 파도가 출렁이는 시원한 바다는 여름철 아이들의 놀이터였으며 학교 뒤에 병풍처럼 펼쳐진 노자산은 자연이 선물해 준 둘도 없는 즐거운 학교였다.

학교 운동회는 마을 축제와도 같아, 온 마을 사람들이 당연히 학교로 와 함께 박수치고 아이들을 격려해 주며 하루 종일 함께 했다. 아이들은 부모님과 춤도 윷놀이도 함께하며 학부모와 전교생 모두가 릴레이 선수가 되었다.

유람선에 몸을 실은 섬마을 소풍

　1995년 봄 소풍 장소를 학부모들과 상의하였더니 유람선을 운영하는 학부모께서 배를 타고 섬으로 소풍을 가자고 제안을 하였다. 행정구역 상 통영시에 속한 장사도이다.
　이번에도 학생과 학부모가 동행하는 현장학습이다. 가족들과 함께 도시락을 먹고 신나는 게임도 함께 한다. 나는 아이들의 할머니께 학부모 역할을 맡겼다. 직장생활로 인해 아이들의 현장학습, 운동회, 학예회 등 엄마가 필요할 때마다 나는 그 역할을 다하지 못하고 할머니께서 대신하곤 하셨다. 아이들은 할머니와 함께 가는 현장학습으로 신바람이 났다.
　현장 학습단이 유람선에 승선을 하고 몽돌 선착장을 출발하였다. 배는 바닷물을 가르며 절경인 해금강을 돌아서 갔다. 학부모 선장의 유머가 섞인 해설로 배 안에는 폭소가 터지고 박수도 끊이지 않았다. 촛대바위, 그림 같이 아름다운 바다정원 대소병대를 지나며 카메라 셧터를 누르는 사이 어느새 장사도에 도착했다. 섬에는 변변찮은 선착장도 없었던지라 가까스로 배를 대서 육지에 당도하였고, 깎아지른 바위를 타고 숲길을 따라 섬을 올라가야 했다.
　옛 마을길로 접어들자 옛 주민들의 흔적이 군데군데 보였다. 지금은 현지인들이 모든 소유를 다 팔고 섬을 떠나서 무인도라고 하였다. 20여 분 걸어 올라갔더니 옛 학교의 모습이 드러났다. 많아야 선생님 두 분이 근무했을 학교였다. 수십 년 전 거제 출신의 시인 옥미조 교장이 근무하며 섬마을에 새마을 바람을 일으켰다는

1995년 장사도 현장학습, 학부모의 역할을 한 할머니와 함께

 조그마한 돌비석이 보였다. 섬마을로 발령받은 많은 선생님의 외로움과 보람이 함께 공존했을 자그마한 섬마을 학교 장사도 분교 선생님들의 모습이 어른거렸다.
 한 칸 교실에 조그만 관사 한 채와 관리되지 않은 학교 정원의 나무들, 운동장에는 풀이 무성한데 염소가 놀다 간 흔적, 염소 똥이 널려 있었다. 교육의 흔적은 폐허가 된 채 묻혀 있었다.
 "선생님, 염소 똥이 많아요, 어디에 앉을까요?"
 "이곳 염소 똥은 무공해 염소 똥이에요. 살짝 피해서 앉아 봅시다."
 염소 똥을 무공해라 했더니 아이들이 나를 쳐다보며 까르르 웃었다. 그 시절이라서 유람선을 타고 소풍 가는 것이 가능했다. 지금 그 섬은 '장사도 해상공원'으로 거듭나서 수많은 관광객을 맞이하고 있다.

벽지학교 아이들, 청와대에 입성하다

　1995년 가을, 거제 출신 김영삼 대통령이 청와대 주인으로 있을 때였다. 벽지학교 아이들은 청와대에 방문 초청을 받았다. 전교생 36명이 청와대 수학여행을 계획하고 있는데 느닷없이 학동마을 유지인 진선우 학부모 대표께서 학부모들도 같이 가겠다고 서둘렀다. 학생 버스 1대, 학부모 버스 1대, 두 대가 서울로 출발했다. 학동 학교 역사 이래 학생과 학부모가 함께 수학여행을 간 것은 최초이자 마지막이 아닐까 생각한다. 아이들을 말끔하게 차려 입히고 학부모들도 멋지게 차려입었다.
　청와대에 들어섰더니 경호원들이 우리를 맞으며 한마디 한다. 거제도 섬마을에서 와서 촌스런 아이들인 줄 알았는데 예상 밖이라며 어찌 이리 멋지고 예쁘냐고 칭찬을 아끼지 않았다. 학동 분교는 벽지 학교였지만 학부모도 아이들도 도시 아이들 못지않은 세련미가 있었다. 경호원들의 안내를 받으며 청와대 관람을 마치고 기념 촬영을 하였다.
　"혹시 질문 있는 사람 있나요?"
　학생 중에 누군가 불쑥 손을 들었다. 아니 이게 누구인가? 5학년 우리 아들 한결이가 손을 번쩍 들고 있는 게 아닌가! 저 녀석이 무엇이 궁금하여 손을 들었는지 나는 의아스런 눈으로 주시하고 있는데.
　"저요, 거제대교가 다리가 좁고 낡아서 정말 위험해요. 지나갈 때마다 움찔움찔 겁이 나는데요. 새 거제대교는 언제 놔 주나요?"

벽지학교 초청 청와대 방문 전교생 36명과 학부모, 기념품을 손에 들고(95. 10. 17)

청와대 가족들과 함께, 맨 뒷줄 한가운데 키가 큰 장목 출신 홍인길 수석이 보인다.

모두가 폭소를 터뜨렸다. 정확한 지적이었지만 어떤 어른도 그 말을 할 생각을 못했는데 아이의 입에서 그 말이 나오니 그랬다. 그 무렵 대통령은 남미방문을 위해 청와대를 비웠고 장목 출신 홍인길 수석이 우리를 맞았다.

"응 그래, 좋은 질문이네. 지나갈 때마다 겁이 났구나. 곧 새 거제대교를 만들 거야. 조금만 기다리렴."

이번에는 참석자 모두가 환호하며 박수를 쳤다. 1971년에 개통한 좁은 거제대교는 삼성조선, 대우조선의 많은 물량을 실어 나르며 노후하여 어른이 지나가도 곧 떨어질 것 같은 아찔한 두려움이 있는 다리였다. 나는 1999년 새로 개통한 신거제대교를 지나칠 때마다 이 다리는 우리 아들이 청와대에 직접 가서 건의해 건설하게 된 거라고 너스레를 떨고 있다.

학교 운동장을 앞마당 삼아

운동장에는 늘 아이들이 놀고 있었다. 전교생이 몇 명 되지 않으니 학년의 구분이 없이 모두가 한 가족이었다. 우리 아이들은 주로 공을 가지고 놀았다. 축구공, 미식축구공, 야구공과 글러브와 방망이, 농구공 등 갖은 종류의 공이 집에 있었다. 우리 아들 딸은 아빠가 퇴근하여 함께 공을 던져주기를 기다리다가 '쥬니어 축구교실, 농구교실, 야구교실'이라는 책을 운동장에 펼쳐놓고 책의 내용대로 공치는 연습을 하였다.

책이 코치가 되어 농구 골대에 공을 던져 넣는 연습도 하고, 축

좁은 관사 밖을 떠나
운동장이 신나는 놀이터

초1딸 예나린, 축구교실 책을 펼쳐 놓고
드리블 연습 중

구공 드리블 연습을 하며 놀았다. 여행객들이 교정에 놀러 와서 축구공을 드리블 하는 말꼬리 머리를 묶은 작은 꼬마를 보고는 한마디씩 하곤 하였다.

"저 꼬마가 공을 한두 번 차본 게 아닌데, 발놀림이 장난이 아니네요."

아이들에게는 좁은 관사를 대신하여 운동장이 신나는 놀이터가 되었다. 유치원도 가지 않고 학교 운동장에서 놀던 꼬마 소녀는 늘 공을 그물주머니에 담아서 어깨에 들쳐 메고 다녔다. 중학생이 되어 경상남도교육청 주최 동아리 농구대회에서 공을 가장 많이 넣어 2년 연속 준우승하는데 기여했다. 유치원도 어린이집도 하나 없는 학동 오지마을에서 학교 운동장은 딸의 친구가 되어 소중한 추억을 선사하였다.

신나는 자연 워터파크 몽돌 해수욕장

몽돌해수욕장은 수심이 깊고 비교적 파도가 세다. 고무 튜브를 타기도 하고 배를 매어 놓은 줄을 잡고 파도를 타기도 하였다. 창원에서 거제로 임지를 옮기기로 작정한 후 우리 가족들은 수영장에서 수영을 배우며 거제로 이주할 준비를 하였다. 밀려오는 파도로 인해 여행객들의 선글라스, 신발 등 소지품들이 물속에 휩쓸려 가곤 하였는데 그럴 때면 10살짜리 큰 아이는 수경을 끼고 물오리처럼 잠수하여 여행객들의 소지품을 건져 주고 박수를 받기도 하여 즐거움을 더하였다.

첫해 여름, 수영복을 입혀 땡볕에 바다에서 놀았더니 아이들의 피부색이 구릿빛으로 바뀌었다. 코끝에서 반들반들 윤이 났다. 겨

여름 내내 해수욕장에서, 구릿빛으로 그을려 콧등이 반들반들 윤이 나는 아이들

울을 지나도 피부색은 원래대로 돌아오지 않았다. 나는 아무 준비 없이 마구잡이로 바다로 보낸 것을 후회하였다.

이듬해부터는 긴팔 옷에 모자를 씌우고 노자산의 해거름이 서서히 해변으로 내려오는 오후 시간에 바닷가로 내려갔다. 아이들은 1.2km의 넓은 해수욕장의 다양한 장소에서 물놀이를 즐기며 바다를 탐색하였다.

"엄마, 왼쪽 해안은 바다 밑에 큰 바위에 조개껍데기가 많아서 위험하고, 가운데 부분은 수심이 너무 깊어서 위험하고요. 지금 여기가 가장 물놀이하기에 가장 안전해요."

여름 내 해변을 샅샅이 탐색한 아이들은 물놀이도 하며 바다의 특징도 공부하며 일석이조의 혜택을 누렸다.

몽돌 밭에서 멸치 떼를 손으로 채집하다

1995년 6월 어느 날, 아침 산책으로 몽돌밭에 나갔더니 마을 사람들이 다 나와서 몽돌밭에 엎드려 뭘 잡고 있었다. 아니 이게 뭐람, 멸치 떼가 몽돌 사이에 끼여 빠져나가지 못하고 널부려져 있는 게 아닌가! 집으로 달려가서 아직 자고 있는 아이들을 깨워 서둘러 들통을 들고 나갔다. 아이들에게 이 특별한 장면을 보여주고 싶었다.

"와 엄마, 멸치예요. 몽돌 밭이 멸치 밭이 되었어요."

"여기, 몽돌 밑에 멸치, 와! 여기도 많이 있네요."

아이들은 몽돌밭을 뒤덮은 멸치 떼에 환호하며 팔짝팔짝 뛰었다. 몽돌을 들어낼 때마다 예닐곱 마리씩 깔려 있는 멸치를 보고 탄성을 질렀다. 멸치 떼들이 힘센 물고기 떼에 쫓겨 해변으로 밀려 들어왔다가 몽돌밭에서 물이 빠지며 꼼짝없이 갇힌 것이라고 한다. 막 삼풍백화점 붕괴사고로 많은 사람들이 건물에서 빠져 나오지 못한 사고가 났을 즈음이었다. 일곱 살 딸은 몽돌 아래 갇혀 빠져나가지 못한 광경이 마치 삼풍백화점 같다며 안쓰러워하는 말을 보태기도 하였다. 몽돌 사이에 갇혀 바다로 나가지 못한 멸치 떼를 안타까워하는 아이들의 마음이 엿보였다.

그해에는 멸치로 젓갈도 담가 온 가족이 맛있게 나누어 먹으며 몽돌밭 멸치풍년의 행복한 추억을 나누었다. 도시에서는 꿈도 꾸지 못한 생생한 바다 체험을 이곳에서 하게 되었다. 몽돌해변은 자연이 우리에게 준 신나는 워터파크였으며 바닷가는 다양한 경험을 제공한 신비로운 학습장이었다.

병풍처럼 펼쳐진 노자산과 해수욕장 순례

"자 오늘은 일요일, 노자산에 올라가 보자."

관사 바로 뒤에 노자산으로 오르는 등산로가 있는데 학교를 배경으로 산이 병풍처럼 펼쳐져 있다. 우리 가족은 어스름한 새벽에 눈을 비비고 일어나서 앞만 보며 부지런히 오르고 있었다. 열 살 아들이 좀 쉬었다 가자며 산에 오르던 발을 멈추고 바다로 시선을 돌렸다. 바다 위 동쪽 하늘에는 아침노을이 일고 태양이 용트림을 준비하고 있었다. 처음 보는 장관이었다.

새벽녘 노자산을 오르며, 대마도의 실루엣에 탄성을 지르던 날

"엄마, 저 바다 위에 낮게 깔려 있는 검은 구름 좀 보세요. 구름이 좀 이상해요. 저거 뭐예요?"

먼 바다 위에 형체가 선명한 검은 그림자 같은 뚜렷한 실루엣. 오르면서 재차 바다를 확인하였다. 생전 처음 보는 그 실루엣의 실체는 산을 오를수록 더욱 선명해졌다.

"아! 저게 대마도인가봐요."

아들이 감격스런 목소리로 소리쳤다. 그건 바로 일본 땅 대마도였다. 청명한 날 해무 속에서 희미하게 볼 수 있는 대마도가 그날 새벽에는 동이 트는 태양의 역광에 의해 검은 실루엣으로 선명하게 모습을 드러낸 것이었다. 노자산 정상에서 손이 잡힐 듯 가까이 보이는 선명한 대마도의 실루엣과 함께 맞이한 해맞이 장면은 망막 속에 또렷하게 박혀 있다. 이러한 경이롭고 신비한 경험은 가족 간 대화의 샘물이다. 지금도 대화 중 늘 등장하곤 한다.

노자산을 경험한 아이들과 함께 우리 가족은 주말을 이용하여 거제의 여러 명산을 오르기 시작했다. 국사봉, 옥녀봉, 앵산, 망산, 산방산, 계룡산, 사등성, 지세포성, 구조라성, 오량성, 가배량성 등이다. 아이들은 거제에 왜 이렇게 성이 많은지 궁금해하며 성의 필요성과 역할을 연구 조사하였다. 놀랍게도 성 중에는 우리나라 성이 아닌 적국이었던 왜성이 있다는 사실을 알고 놀라워하였다.

우리는 여름방학이면 거제의 여러 해수욕장을 순례하였다. 망치, 구조라, 여차, 죽림, 와현, 장목, 흥남 등 몽돌 해변과 모래 해변을 번갈아가며 물놀이를 즐겼다. 여러 곳에서 해수욕을 즐기더니 아이들에게 궁금증이 생겼다.

"엄마, 가까이 있는 해변인데 몽돌과 모래해변으로 왜 다르게 만들어졌을까요?"

"그렇구나, 왜 그런지 한번 조사해 볼까?"

아이들이 바다의 방향, 해안의 모양, 굴곡 등 나름대로 해변을 조사하기 시작했다. 그 주제는 아이들의 호기심을 불러일으키기에는 충분하였다. 나름의 조사 후에 결론을 냈는데 열린 바다의 해안과 만으로 굴곡져 있는 해안의 차이가 몽돌과 모래 해변을 생성하게 된 것 같다는 아이들의 의견이었다. 정답이 아니라도 아무 상관이 없었다. 창의적 아이디어와 탐구력을 기르는 원동력이라고 생각되었기 때문이었다.

이렇듯 거제의 자연과 역사는 우리 아이들의 놀이터와 체험장이 되었다.

관사의 유일한 장난감, 피아노

이곳은 바닷가 벽지학교였기에 학원이나 유치원도 없고 흔한 학습지 선생님도 오지 않았다. 그래서 좁은 관사에 피아노를 한 대 들여놓았다. 관사 공간이 좁지만 아이들의 교육의 때를 놓칠 수 없었다. 관사에 올라가려면 2층 높이의 계단을 올라가야 하기에 피아노가 들어오는 날, 한 계단 한 계단 피아노를 옮겨오기가 쉽지 않았지만 아이들의 미래를 위한 투자이기에 아이들도 나도 설레었다. 일주일에 한 번 피아노 학원 신원호 선생님께 레슨을 받고 연습은 집에서 엄마와 하기로 하였다. 집에서의 연습을 위해 선생님께 레슨 시간 참관을 요청하였더니 흔쾌히 허락해 주셨다.

다섯 살짜리 딸을 차에 태우고 1주일에 한 번, 레슨 시간에 함께 참관하며 그 내용을 꼼꼼히 메모하며 돌아왔다. 엄마는 오른손, 아이는 왼손. 다시 번갈아 가며 연습하다가 두 손으로 함께, 계이름으로 노래 불러주기를 반복하였다. 매일같이 반복되어 지루할 수도 있는 연습을 잘 따라주는 아이가 그저 신기하였다. 무엇이든 즐거운 마음으로 할 수 있도록 접목하는 게 중요했다.

좁은 관사였기에 아이들이 생활이 한눈에 들어왔다. 문을 닫고 피아노 치라고 억지할 필요성이 없었다. 항상 열린 공간에서 가족과 함께 피아노 치기를 놀이로 즐겼다. 피아노 앞에는 내가 늘 함

께 하며 계이름으로 노래를 불러 주었다. 한 번도 혼자 연습하라고 내버려 두지 않았다

어느 날 오디오에서 만화주제가가 흘러 나왔다. 아이가 노래의 계이름을 써 놓았다. 신기해서 내가 물었다.

"예나린, 악보도 없는데 계이름을 어떻게 알았니?"

"그냥 노래 들으며 썼는데

좁은 관사의 피아노 앞에서 꿈을 키운 딸 예나린

요. 듣기만 하면 계이름을 알 수 있어요."

그동안 익힌 계이름 부르기와 함께 친 피아노가 이런 결과를 가져왔을까! 결코 교육의 결과물을 예상하지 않았는데 덤으로 더해진 은혜라고 생각했다.

딸의 피아노 실력은 일취월장 늘어갔다. 고사리 같은 작은 손가락으로 모차르트의 소나타를 연주하며 소나타 전곡을 계이름으로 노래 부르는 모습은 우리 가족에게 큰 기쁨을 주었다. 어렸을 때부터 보던 '사운드 오브 뮤직' 영화 전반부의 '도레미 송'을 비롯한 노래의 기초 교육 장면을 수도 없이 들었다. 이 또한 절대음감을 잡는데 영향을 준 것일까? 어떠한 교육의 열매도 예측하지 못했다. 그저 뚜벅뚜벅 즐거움으로 접목하며 순간순간 '아하, 그렇구나. 이거였어. 알아간다는 것, 참 재미있는 거로구나.' 이런 고백을 할 수 있도록 지혜와 마술을 더하는 것이 최고의 교육이라는 소신을 펼

쳤을 뿐이었다.

의무적, 강압적인 접목은 아이들에게 진정한 즐거움은 줄 수 없다는 걸 알기에, 이후에 학동 관사를 떠나와서도 피아노를 거실에 두고 온 가족이 함께 들으며 피아노 연습을 하였고 집에 방문하는 사람들에게도 딸의 연주를 들려주곤 하였다.

아이는 연주를 자연스럽게 받아들이고 담력도 키워 나갔다. 중3 때는 진주시향과 협연을 하기도 했다. 이어서 서울의 어느 오케스트라 협연을 제의받기도 하였지만 아쉽게도 피아니스트라는 꿈의 나래를 접고 음악은 자신의 평생 멋진 친구로 삼기로 하였다.

벽지 아이들의 꿈 키우기

관사에서 피아노 연습을 하는 우리 아이들을 본 한 학생이 부러운 듯 뚫어지게 바라보는 학생이 있었다. 피아노를 배우고 싶으냐고 물었더니 '예'라고 답하는 것이 아닌가. 딸과 또래인 우리 반 학생들 6명 모두에게 피아노 레슨을 시작하였다. 나는 학교에 있는 피아노를 우리 교실로 옮겨오고 관사의 우리 개인 피아노를 개방하였다.

아침 시간 1시간, 점심 시간 1시간, 방과 후 1시간, 도합 3시간을 할애하여 6명의 학생들에게 연습 시간을 할애하고 돌아가며 레슨을 해 주었다. 내 아이에게만 베푼 교육 기회를 벽지의 아이들에게 베푸는 것이 마땅하다고 생각하였다. 아들의 친구 5학년 요한이라는 학생은 음악에 진심이었고 재능도 있었다. 요한 어머니를 만나 요한이의 재능과 꿈을 상담한 후 요한이를 피아노 학원으로 안내

1994~1995년 여름방학
마산미술협회에서 전교생 사생대회를
개최하여 전교생에게 상장과 물감 등
그림도구를 선물로 주며 꿈을 일깨웠다.

전교생 모두가
상장과 상품을 받았고,
아이들은 신바람이 났고
꿈도 무르익었다.

하였다. 그때 일깨운 음악가의 꿈이 실현되어 현재 피아니스트로 활동하며 피아노학원을 운영하고 있다. 아이들의 꿈은 갯벌에서 돌을 들면 나오는 게처럼 거짓말처럼 발견되는 것이다.

 또한 벽지 아이들의 꿈을 일깨우기 위해 화가와의 만남을 주선했다. 2년 연속 여름방학 때 마산 미술협회에서 사생대회를 개최하여 전교생에게 상을 주고 화구를 선물로 주고 격려하였다. 여러 화가들이 지켜보는 가운데 처음 겪어보는 사생대회였다. 전문가들이 사용하는 붓과 파레트, 물감을 받아 든 아이들은 신기해하기도 하며 매우 진지하였다. 행여라도 있을 예술가의 꿈을 일깨워 주는 특별한 체험이었다. 아이들의 꿈은 무엇을 통해 나올지 아무도 알 수 없으니까.

영어교육은 생활에서 자연스럽게

　방과 후 학원이나 학습지 방문수업도 전혀 없는 학교 교육과정이 전부인 오지학교에서 큰아들은 초등학교 4학년이 되었다. 영어교육을 시작해야겠는데 엄두가 나지 않았다. 시내에서 '눈높이 교육' 방문 교사들이 가정을 다니며 교재를 나눠주고 일주일에 한 번씩 방문하여 점검하는 자율학습이 막 떠올랐다. 전화 상담으로 이곳에 오실 수 있겠냐고 문의하였더니 아이 한 명을 보고는 오기가 곤란하단다. 먼저 우리 아이부터 시작하면 다른 학부모들도 하지 않겠냐고 설득하였더니 선뜻 우리 아이 한 명을 위해 이곳 오지로 첫발을 떼게 되었다.

　아들은 4학년, 딸은 겨우 여섯 살이었다. 교재를 받아들고 기초 알파벳부터 시작하였다. 옛날 내가 배웠던 알파벳 이름이 아니었다. 다른 소리를 가졌다는 걸 알게 되었다. 다시 ABC부터 아이들과 같이 공부해 보자고 결심했다. 발음기호 따라 대충 읽었던 옛 단어들을 오디오 테이프로 들어보니 'APPLE'부터 다르다. 그냥 '애플'이라고 읽었는데 그게 아니었다. 자세히 들어보니 '애아쁠'로 들리는 게 아닌가! 발음기호도 소용이 없었고 한글로 '애아쁠'이라고 쓰는 게 훨씬 원어민 발음에 가까웠다. 수십 년 전에 배운 발음기호를 무시하고 한글로 발음을 써가며 아이들과 함께 눈높이 1단계 알파벳 오디오부터 들었다.

　4학년 아들을 위한 영어 기초공부 교재에 여섯 살 딸이 관심을 보이더니 오빠가 학교에 늦게 하교하는 사이에 딸이 문제를 다 풀어버리는 일이 반복되었다.

"엄마, 예나가 내 교재에 답을 다 써버렸어요."

"엥? 정말, 어쩌지?"

방문 선생님께 교재만 한 권 더 달라고 부탁을 하였더니 그러라고 하셨다. 이렇게 동생은 오빠의 눈높이 영어를 어깨너머로 공부하였다. 그러는 사이 동네 학부모들에게 소문이 나자 여럿 함께 동참하겠다는 사람이 나타나서 학동마을에 최초의 방문교사 수업이 시작되었다. 나는 우리 반 아이들에게 방과 후 영어를 가르치기 시작했다. 내 아이만 교육 특혜를 받는 것 같아 함께 하지 않을 수 없었다.

아이들보다 더 잘하는 체도 할 수 없었다. 문장 독해 위주의 영어 교육을 받은 몇 십 년 전의 방식과 현시대의 말하기와 듣기 위주의 영어 교육은 완전히 달랐다. 아이들과 함께 나도 다시 영어를 공부하기로 작정했다. 아이들과 나의 귀를 영어교재 테이프에 계속하여 노출시켰다. 운동장에서 놀이를 하면서도 카세트 테이프를 켜놓고 듣고 따라 하기도 하며 배운 문장만큼은 서로 영어로 대화를 나누었다. 온 가족이 공부를 함께하는 우리의 영어 실력은 조금씩 향상되기 시작했다.

TV가 없는 공간에서 영어 공부를 위해 비디오를 활용해 보기로 했다. 월트 디즈니의 애니메이션 1호는 라이온킹이었다. 아이들이 영어로 된 애니메이션을 보며 점점 영어에 대한 감각을 익혀 나갔다. 틈만 나면 그냥 자연스럽게 켜 놓았다. 오다가다 들으며 아이들의 귀에 익숙해지기 시작했다.

수없이 보고 들었던 '뮬란'과 월트디즈니의 비디오 북들

　그렇게 방학 때마다 애니메이션을 한두 편씩 늘려나갔다.
　"옛다, 이번에는 진나라의 역사 이야기 '뮬란'이다."
　월트디즈니의 이 애니메이션은 아이들의 취향에 딱 맞아떨어졌다. 좋아하는 역사 이야기에 더하여 뮬란이라는 주인공의 흥미진진한 모험담이 아이들의 마음을 사로잡았다. 수백 번을 보았다. 아이들의 입에서 대사가 저절로 술술 나왔다. 아이들은 이내 '뮬란'의 대본을 구해 달라고 했다. 어렵사리 대본을 구해 주었더니 영어 시나리오의 대사를 막힘없이 읽었다. '아하, 외국어를 이렇게 습득하는구나!' 전혀 생각지도 못했는데 아이들은 영어 영화를 통해 이미 영어를 언어로 습득하고 있었다. 이미 굳어버린 어른은 할 수 없는 것을 아이들은 자연스럽게 습득하고 있었다.
　공부는 컴퓨터 게임처럼 지나치게 신이 나도 안 된다. 공부가 그처럼 신이 날 수 없기 때문이다. 모든 공부는 적당한 놀이여야 한다. 신나는 컴퓨터 게임으로 재미를 느낄 때와 진리와 지식을 깨달았을 때의 뇌의 쓰임이 다르다고 한다. 그래서 공부는 유쾌한 오락에서 느끼는 즐거움과 다른 경험이다.

공부는 어렵고 힘든 과정을 거친 후에 맛볼 수 있는 보람과 기쁨을 찾게 하여 공부의 진정한 즐거움을 느끼게 하는 것이다. 이것을 깨닫게 하는 것이 공부에 대한 존중과 예의이다. 영어 공부도 마찬가지로 공부로서의 접근이 아니라 신나는 말놀이여야 한다고 생각했다. 이러한 경험은 평생 공부를 이어가는데 큰 힘이 될 것이라고 믿었다. 훗날 자신의 꿈에 도전할 때 기초공부가 부족한 것이 도전의 걸림돌이 되지 않도록 해야 한다. 부모는 최소한 그것만은 책임져야 된다고 생각했다.

공부는 즐거운 생활이며 자연스런 과정의 일환이어야 한다. 공부는 지겨운 것, 타인의 강압에 의한 것이라는 경험은 평생 공부에 대한 흥미를 잃게 만들 테니까. 부모가 아이들에게 공부를 시키고 있다는 걸 최대한 들키지 않아야 한다. 지나친 욕심을 들키는 순간 아이들은 흥미와 의욕을 잃을 수 있다. 부모의 지혜와 교육 방법이 아이들의 운명을 갈라놓을 수 있다.

온 마을이 아이들을 키운다

특히 학부모들의 자녀들과 같은 또래를 키우는 나였기에 학부모와 혼연일체가 되어 양육하였으며 모든 아이들이 나의 자녀처럼 느껴져 더욱 기쁘고 행복했다. 사실 미취학 연령이었던 어린 딸은 이곳 벽지마을에서 마땅히 다닐 유치원이나 어린이집이 없어서 엄마의 교실에서 2년 동안은 1학년 언니들과 함께 지내며 운동장에서 아이들과 함께 놀았다.

학부모들도 선생님이며 학부모이기도 한 나의 처지를 알고 미취학 연령인 여섯 살 딸의 교실 입실을 흔쾌히 허락해 주셨다. 지금도 그 고마움을 잊을 수가 없다. '온 마을이 아이들을 키운다.'는 속담처럼 혼연일체가 되어 아이들의 학습 상담을 하며 학습 방법도 공유하며 함께 키웠다.

같은 교실에 있는 딸도 "엄마, 다녀오겠습니다."라고 인사한 후 나보다 먼저 교실로 갔다. 잠시 후 내가 교실에 들어서면 "선생님, 안녕하세요?" 하며 인사를 꾸벅하면 반 아이들이 까르르 웃곤 하였다. 사실 관사 코앞이 교실이었으니까 교실과 관사 사이의 거리는 몇 발자국 떨어지지 않았다. 그래도 책가방을 메고 인사하며 학교에 가는 기분을 다 내고 다녔다. 날마다 운동장과 교실은 웃음이 끊이지 않았고 즐거움이 가득했다.

3년의 임기를 마치고 거제초등학교로 전근을 하였는데, 2학년이 된 딸이 왜 이곳으로 전학을 왔냐며 학동으로 다시 가자고 울면서 졸라댔다. 학동 학교를 그리워하는 아이의 마음 때문에 나는 가슴이 아팠다.

기회의 땅 거제

3년이라는 짧은 시간이었지만 학동 몽돌해변과 학동 학교에는

2006년 학동에서의 생활을 중심으로 교육부 교육현장체험수기 공모 우수상 수상

EBS 방송국 악단이 축하사절단. 김예나린 교육부 현장체험수기 우수상 수상

아이들의 유년기의 추억이 고스란히 서려 있었다. 딸 예나린은 2006년 고2 때, 학동 학교의 교육 체험을 글로 써내려 교육부 교육 현장체험 수기 공모에 응모하였고 우수상을 수상하였다.

고등학교 졸업 후 아이들은 대학 진학을 위해 거제를 떠나 외지로 출타하였다. 그래서 우리도 남편의 고향 창원으로 돌아가려고 아이들과 의논하였다.

"우리를 완전 거제사람으로 키워놓고 이제 창원으로 가시면 우리는 거제사람도 아니고 창원사람도 아니고 뭐가 되는 거예요?"

아, 이제 거제가 아이들의 고향이 되었구나. 아이들의 말을 듣고 우리는 창원으로 돌아갈 결심을 이내 접었다. 거제가 아이들의 고향이 되었으나 우리도 이곳을 고향으로 삼기로 작정하였다.

거제를 고향 삼기로 작정하자, 우리 부부의 거제에 대한 관심과 사랑도 달라졌다. 2008년, 거제 교육청에서 거제교육 심볼마크 공

감사패 수여 후(남편 김상수 교장, 김복근 교육장, 필자)

모를 실시한다는 공문이 왔다. 공문을 본 우리 부부는 심볼마크 공모에 응모하였다.

남편 김상수 교장은 40여 년 글자의 조형미를 추구한 서예가로, 나는 디자인을 공부하며 생활

2012년 심볼 마크 완성 후 받은 감사패

속의 미감에 관심이 많은 차에 날아온 공문은 우리 부부의 마음을 사로잡기에 충분하였다. 거제 특유의 자연환경과 교육적 가치를 내포하며 이 시대를 대변하는 소담한 상징물은 없을까.

'그래, 교육이 어머니의 마음을 가진다면 그보다 좋은 이념이 어디 있으랴!'

우리는 모자상을 기초로 하여 심볼마크를 이미지화하기로 하였다. 지고지순의 자녀사랑, 열정이 가득한 태양과 푸른 파도, 그리고 거제의 이니셜 'GJ'가 기본으로 들어가는 심볼마크를 완성하였다. 인자한 분위기의 모자상의 이미지, 역동하는 파도, 으뜸교육 α(알파)의 이미지 해설을 부여하여 작품을 제출하였다.

최우수 작품에 당선된 후에 당시 교육장이셨던 김복근 교육장의 의사를 반영하여 오방색(赤, 靑, 白, 黃, 黑)으로 한민족의 혼을 담아 완성하였다. 더하여 기본 심볼 마크에 앰블럼, 서류용, 깃발용, 가로글씨, 세로글씨 등 일체를 제작하였다. 이 심볼은 2012년 3월부터 지금까지도 거제교육지원청 및 산하 기관에서 널리 사용되고

있다. 오늘도 청사 앞에 나부끼는 깃발 위에서 자애로운 심볼은 우리에게 살포시 미소를 보내고 있다.

거친 파도, 몽돌, 노자산, 형제자매 같았던 전교생, 마음껏 놀았던 운동장!

그곳에서 우리는 아이들의 학습의 기초를 다졌고 학습 방법을 터득하였다. 자연을 향유하는 감성, 삶의 지혜, 끝까지 포기하지 않고 도전할 수 있는 내면의 끈기와 근성! 이 모든 것이 아름다운 자연환경과 온 마을이 함께 아이들을 키운 덕분이라고 확신한다.

우리 가족에게 학동 몽돌해변과 학동 학교는 기회의 땅이었다. 각자 나름의 꿈을 실현할 수 있는 바탕이 되어 주었고 그 자양분으로 사회의 구성원으로 제 몫을 하며 살아가고 있다. 우리 가족의 삶에 아름다운 추억과 풍요로운 마음을 선사한 학동 몽돌밭을 추억하며 그 시절 함께 하였던 곽홍기 교장 선생님, 김홍곤 교육장님, 고영준 교장 선생님, 한 가족이 되어 주었던 45명의 학생, 온 마을 함께 아이를 키운 진선우 학부모대표와 여러 학부모님들께 진심으로 감사드린다.

거제는 우리 가족 모두의 사랑이 가득한 고향이 되었다.

김순도
《시사문단》시부문 등단. 거제수월초등학교 교장 역임. 정년기념문집 《희망의 선생님》. 거제문인협회 이사, 거제드림싱어즈합창단 단장, 거제해녀문화예술컴퍼니 대표

Story 2

장승포, 여기 어때?

　꽃피고 단풍 물드는 산야과 달리 바다의 매력은 어디에 있을까. 심장이 저토록 파란 것은 분명 푸른 애환을 간직한 게 틀림없다. 무수한 사연들을 심해 깊숙한 곳에 묻어두었기에 치유할 수 없는 아름다운 멍이 들어버린 흔적인 듯하다. 어름사니가 줄을 타듯 바다 위는 인생의 희로애락을 운해처럼 풀어놓는 어부들의 노동 현장일 게다. 삶의 닻과 죽음의 덫이 공존하는 이중성을 지녔지만, 오늘따라 쪽빛 너울이 품어내는 윤슬이 아름답기만 하다.

　백두대간을 타고 흘러내린 수만 갈래의 길에는 뼈아픈 우리의 역사歷史가 있다. 그 뒤안길에는 선조들의 굴곡진 삶들이 혈맥처럼 뻗어있다. 한반도 지도의 끄트머리에 있는 오지 섬이었던 곳이 역사의 현장이 되었던 시절이 있었다. 참혹한 전쟁을 겪으며 수많은 피란민이 남녘의 섬으로 내려와 정착했다. 그 언저리에 장승포가

새뜻하게 변한 장승포항

디딤돌이 되어 삶의 터전이 형성되어갔다.

　섬사람들의 동포애는 눈물 나게 살가웠다. 식구들이 복작거리며 살았던 단칸방을 내어주며 고구마 하나라도 나누어 먹었다. 일제강점기에는 일본인들이 탐하던 황금어장이 장승포였다. 지금도 곳곳이 그때의 잔재가 남아있다. 역사의 산증인처럼 거제도의 모든 역사는 장승포항으로부터 시작되었다고 해도 틀린 말이 아니다. 더는 과거를 묻지 마라. 유행가 가사가 아니다. 육지와 외떨어져 무시하던 옛날의 그 오지 섬에는 역사만 묻혀있을 뿐이다.

　70년 전쟁의 비극을 껴안은 장승포항이 새뜻하게 변했다. 머잖은 날 바지락 캐던 갯벌에 크루즈선이 드나드는 국제적 항구로 거듭날 예정이다. 이미 선창을 오가는 뱃사람이 열에 여덟은 외국인이다. 뱃일에 익숙한 듯 무슨 일이든 척척 해낸다. 혀 짧은 우리말로 인사를 나누며 한글을 익히고 무궁화 꽃을 피우며 적응해간다.

치열하게 살아가는 갯가 사람들

현실이 고달프고 힘들어도 그들이 꿈꾸는 희망과 행복이 장승포 항에서 피어난다. 거친 파도와 대적하며 이물 돛대에 푸른 꿈을 내걸었다. 그것만이 가난한 부모님께 효도할 수 있는 유일한 방법이라는 걸 지켜야 할 굳은 맹세처럼 알고 있다. 굶주리고 헐벗었던 시절에 파독 광부와 간호사로 독일로 건너갔던 우리네 부모 형제와 무엇이 다르랴.

나이 들고 늙어가는 게 무슨 유세인가. 나는 노인연금을 찾으러 은행 창구에서 이국 청년들을 만났다. 새까맣게 그슬린 얼굴에 짠물 묻은 손으로 환전하고, 그 돈을 받아들고 기뻐할 부모님 얼굴을 떠올리는 듯 환하게 웃는다.

원양어선을 탔던 오빠도 저런 모습이었겠지. 비린내 풍기는 낯선 옷깃에서 파도 속에 묻혀버린 해묵은 일기장을 들추게 했다. 스페인 어느 항구에서 오빠가 보내온 엽서에는 얼룩이 퍼져있었다. 바닷물이었는지, 눈물이었는지 사춘기 소녀는 몰랐다. 어머니는 오빠가 보내오는 돈으로 읍내 장에서 돼지 한 마리를 끌고 왔다. 상자에 담긴 돼지는 어지간히도 나부댔다. 돼지에게 끌려가면서도 어머니 얼굴은 집어등처럼 밝았다. 씨돼지가 복돼지 되어 살림살이에 보탬을 주리라 믿으며 기대에 부풀어 있었다. 허나, 아쉽게도 돼지는 우리 집에 행복을 가져다주지 않았다. 새끼를 낳기도 전에 씨돼지의 주인공은 집으로 돌아오지 못했다. 고향은 오빠에게 오직 "푸른 해원을 향하여 흔드는 영원한 노스탤지어의 손수건"이었다. 바다와 필연적 인연이었을까. 오빠의 이름은 '김해원'이었다.

나는 이국땅의 청년들이 힘들게 번 돈을 들고 웃으면서 고향으로 돌아가길 바란다.

어판장에는 치열하게 살아가는 갯가 사람들이 있다. 삶이 무기력해지고 따분해지면 새벽에 열리는 어시장으로 나가보시길 권하고 싶다. 아직은 살아볼 만한 세상이기에 인생에서 가장 빛나는 시절이 바로 현재란 걸 여실히 보여준다. 사는 게 힘들어서 놓고 싶은 밧줄도, 이미 놓아버린 동아줄도 그곳에 가면 다시금 움켜잡게 만든다.

  그물망 벼리가 여인의 옷고름처럼 풀어진다. 푸른 코발트 바닷물이 밴 고등어가 뭉텅 거리로 쏟아진다. 투명하고 맑은 거리 쏟아진다. 투명하고 맑은 눈알이 샛별처럼 반짝거린다. 살이 올라 몸피 굵은 건 뭍으로 나가 간잡이 손끝에서 염장에 재워진다. 덜 자란 고도리는 정어리와 뒤섞여 양식장 물고기 먹잇감이 된다. 덕분에 광어와 우럭이 튼실하게 살찐다. 까막까막한 고등어 눈동자는 두레 밥상에 모여들었던 어린 시절의 형제들을 보는 것 같다. 세월이 좋아져 마음껏 먹지만 양푼 그릇 밑바닥을 긁었던 그 시절로 되레 돌아가고 싶다.

  예전에 부둣가 한 귀퉁이에 함바식당이 있었다. 등이 휘어진 할머니가 연탄불에 석쇠를 올리고 고등어를 구웠다. 그 일을 어지간

술은 뱃사람들에게 시름을 달래주던 마이신이었다.

히도 오래 한 듯 손끝마다 이력이 붙었다. 선창을 맴돌던 사람들이 하나둘 모여들었다. 가격이 저렴해 고등어구이를 한 접시씩 주문했다. 주머니 사정에 그만한 가격으로 바다를 마음껏 먹을 수 있어 단골이 많았다. 막걸리 주전자를 내놓는 할머니 얼굴이 프란체스카 여사를 닮아 있었다.

노릿하게 구워진 고등어에 기름이 자르르 흘렀다. 짜지도 싱겁지도 않고 맞춤 맞았다. 한 생애를 저렇게 노릇노릇하게 행복한 삶을 구워본 적이 있었을까. 못다 한 생애였다면 타인의 삶을 대신 구워주는 일에 적선하는 듯했다. 한평생을 길손들과 함께하며 무탈하게 항구로 되돌아온 어부들에게 따뜻한 어머니 밥상을 차려냈다.

"얼른 와서 앉으소. 힘들어도 목숨이 붙어있응께, 살아야 하지 않겠능교?"

쌍끌이 어선을 타고 나갔던 오촌 아재가 돌아왔다. 고등어 한 손 들고 국밥집에 털썩 주저앉았다. 피로감이 묻어난 검게 탄 얼굴에 고등어 기름이 흐른다. 술이 약이겠지. 오늘도 순정純情 맡기고 막걸리 두 병 외상 긋는다. 뭍을 밟으면 멀미가 나서 마시고, 바다 위를 걸으면 사는 게 허무해서 마신다고 했다. 해가 뜨고 달이 기울어도 술은 뱃사람들에게 시름을 달래주던 마이신이었다.

주인 아지매 인심 한 번 후하다. 장승포 해녀 춘자 씨가 해삼 두 토막 덤으로 내주며 긴 의자를 닦는다. 저승에서 벌어 이승 사람을 먹여 살린다는 장승포 해녀의 고달픈 삶이 등대 아래서 오르내린다. 이념처럼 갈라진 빨간, 하얀 등대 사이를 선박들이 드나든다.

129

수많은 이방인이 모여들었던 장승포

젊었던 날 선창에 앉아 그물코를 꿰매던 아버지도 막걸리를 즐겨 마셨다. 술을 마시면 굽은 허리도 꼿꼿하게 일어서는 줄 알았다. 그러나 손가락 마디와 등뼈는 날로달로 호미처럼 굽어갔다. 얼큰하게 취하면 타령조의 노래를 불렀다. "석탄 백탄 타는 데는 연기가 퐁퐁 나는 데 이내 가슴 타는 연기도 김도 안 난다"라는 현실의 슬픔을 소리로 풀어냈다. 그것이 바다로 생업을 이어가는 항구의 사람들이었다.

역사를 되돌려보면 유독 수많은 이방인이 모여들었던 곳이 장승포이기도 하다. 흥남 철수 작전으로 빅토리아호를 타고 수많은 피란민이 내려왔다. 위급한 상황에서도 산모들은 뱃전에서 순산했고 그때 태어난 아이들을 '김치 파이브'라고 불렀다. 포로들은 거

메러디스 빅토리호

제 곳곳이 흩어져 텐트촌에 수용되었다. 친공산주의와 반공 세력이 앙숙 관계로 대립하며 민족끼리 서로의 가슴에 두 번씩이나 총부리를 겨누었다.

지금도 여전히 전쟁을 치르는 나라가 있다. 그 일로 피해를 보는 건 어린이와 노약자, 여자들이 대다수다. 우리에게 그런 비극이 두 번 다시 일어나지 않아야만 한다. 전쟁의 참혹함을 겪지 않은 사람은 그 고통을 모를 것이다. '육이오'를 치르면서 숱한 전쟁고아가 생겨났다. 그 아이들을 거두어 준 사람이 거제도 애광원을 운영하는 김임순 원장님이다. 그분은 고아들을 자식처럼 거두어 자립할 수 있게 키워주었다.

세상에는 동명이인이 흔하다. 필자 역시 그분의 존함과 일치하다 보니 오해를 받을 때가 더러 있다. 소인은 감히 그런 위대한 분의 발뒤꿈치에도 근접할 수 없다. 언젠가 지체 장애아들을 돌보려

거제도 애광원

　자원봉사를 몇 년 다닌 적이 있다. 막 이성에 눈을 뜬 청년들이 신체 접촉을 하려는 바람에 봉사원들이 곤욕을 치르기도 했었다.
　애광원이 설립된 시기는 70년 전이다. 전란으로 흥남부두에서 출발한 '메러디스 빅토리호'에 1만 4천 명의 피난민이 부산을 거쳐 거제도로 내려왔다. 오갈 데 없는 이들에게 거제도 주민들은 흔쾌히 그들을 따뜻하게 보듬어 안았다. 주먹밥을 만들어 나누어주고 정착할 수 있게 도와주었다.
　애광원은 사회복지 시설로써 손색이 없는 기관이다. 기술을 가르쳐 자립을 선도하기도 하고 아기자기한 물품을 만들어 일반인들에게 판매하기도 한다. 그 중심에 스물일곱의 나이였던 김임순 원장님이 계셨다. 육이오 부모를 잃은 고아들의 어머니가 되기를 자처했다. 장승포항이 내려다보이는 언덕바지에 텐트를 치고 전쟁고아들을 보살피기 시작했다. 지금은 이백여 명이 넘는 식구들을 건사하며 신축건물을 늘려가며 새로운 변모를 거듭하고 있다.

거제도 애광원 안내 조감도

예술회관과 맞바로 한 애광원은 원생들에게 예술의 아름다움을 접할 기회도 제공한다. 비록 정신적인 결함과 신체적인 불편함이 있을지언정 한 인격체로서 정서적 감흥을 느낄 수 있게 다양한 프로그램을 관람케 해준다. 원예를 재배하고 농장에서 생산하는 신선한 채소를 원생들에게 제공함으로써 공동체의 소중함을 일깨워주기도 한다. 장승포에서 애광원은 그야말로 다국적 교육 기관의 명소로써 손색이 없다.

조선 경기가 한창일 때 전국에서 몰려든 노동 인력으로 그야말로 인산인해를 이루었다. 모두가 희망을 찾아 전국에서 몰려들었다. 필자 역시 남편을 따라 장승포에 닻을 내렸다. 거처할 곳을 얻지 못해 눈칫밥 얻어먹으며 동서 집에 얹혀살았다. 속된말로 마구

노사분규의 중심이 되기도 했던 장승포

간도 구하기 힘들었다. 한 달을 헤매다 겨우 셋방 한 칸을 얻을 수 있었다. 선술집이 있었던 골목에는 언제나 젓가락을 두들기던 취객들의 눈물로 넘쳐났다. 그 집에는 빈대가 들끓었고 주인집 여자의 갑질은 겨울바람 같았다. 들불처럼 일어났던 노동운동이 회오리칠 때 노사분규의 중심이 되기도 했다. 최류탄이 섬마을을 뒤덮었고 생목숨이 죽어났다. 아이를 업고 며칠째 들어오지 않던 남편을 찾아 나서기도 했었다.

 낯선 곳에서의 생활은 외롭고 낯설었다. 갈 곳이라곤 바다뿐이었다. 초짜 낚시꾼도 낚싯대만 넣었다 하면 곰비임비 고기가 올라왔다. 그런 날은 저녁 밥상이 풍성했다. 그 많았던 용치 노래미, 우럭, 감성돔. 장승포항 갯벌에 엎드렸던 도다리는 어디로 도망갔을까. 나날이 변모해가던 장승포 바다에 묻어둔 추억을 건져 올릴 때마다 그 시절이 아련히 그립다. 40년 세월의 내 청춘이 잠들어

있기 때문이다. 빈손으로 찾아들었던 희망의 섬이 장승포였었다.

 소녀가 바다를 바라보고 있다. 황동색 쇠 옷을 입고 성글게 손뜨개질한 털목도리를 두르고 앉았다. 곁에 놓인 빈 의자는 누구를 기다리며 비워두었는가. 간지럼 태우는 햇살에 노랑나비만 청산을 찾아 바다를 건너와 소녀 주변에 맴돈다.
봄날이 저리도 따뜻한데 맨발로 한데 나앉은 소녀가 애처롭다. 어깨에 내려앉은 새를 파랑새라고 부르지 않으련다. 못다 한 꿈을 이루도록 구만리를 날아다니는 붕새라고 해야겠다.

 누군가 소녀에게 꽃을 선물하고 갔다. 꽃을 갖다 바친 소녀는 3교시 역사歷史시간에 소녀를 만났을 것이다. 그때 그 소녀는 하얀 저고리에 검정 치마를 입고 있었다. 백의민족을 상징하는 의상이었다. 옷고름이 뜯기고 검정 치맛자락에 사무라이 장검에 잘려나갔다. 역사의 아픔이 진정 거추장스러운 과거가 아닐 진데 이리 뭉개지고 저리 짓밟힌다. 이제 겨우 몇 분만 생존해 계신 데 아직도 용서를 구하는 사람은 없다.

 여든세 살쯤으로 보이는 노인이 소녀 곁을 지나간다. 한숨 소리가 심해를 치받고 오르는 용오름 같다. 노안과 백내장까지 겹쳐서 눈물이 곱으로 흐른다. 저 아이가 노인의 딸 또래쯤이었다면 그 심정이 어떠했을까. 아마도 부둥켜안고 통곡을 했을 것이다. 소녀의

소녀가 내려다보는 바다에 유람선이 떠 있다.

 청춘을 돈으로 배상하겠다는 고관대작들의 말을 처음부터 믿고 싶지 않았다. 낳아준 부모도 아니면서 무슨 권리행사를 한단 말인가. 자기네 방식대로 네 편 내 편으로 갈리어 소녀를 중심에 두고 저울질로 셈하는가?
 소녀를 천시하는 잔인한 결례를 범하는 이도 있다. 소녀가 무슨 죄를 지었기에 외국에서도 동상을 세우라는 둥 말라는 둥 입으로 찧고 까부는가. 객관적 견해와 주관이 다른 정치 놀음에 바람막이로 세워 왈가왈부할 수 있다는 말인가. 행동만으로 하는 짓만 범죄인가. 입으로 내뱉는 말도 살인이다. 가끔 소녀 앞에 서서 고개를 숙이고 두 손을 모으는 이도 있다. 그게 역사를 올바로 보는 자세요, 마땅히 해야 할 남겨진 사람들의 몫이다. 동냥은 못 줄망정 쪽박은 깨지 말라는 옛말도 있다. 동상이 무슨 죄가 있다고 미움이 지나쳐 망치질로 훼손을 당해야 한단 말인가?

소녀가 내려다보는 바다에 유람선이 떠 있다. 관광객들을 태우려고 흥을 돋우는 음악을 틀었다. 여학생들이 유람 삼아 섬으로 소풍을 왔다. 머리핀을 꽂고 도시락을 싸 들고 앉아 깔깔거린다. 소녀들이 가는 섬엔 스스로 목울대를 꺾고 떨어진 동백꽃이 지고 있다. 붉디붉은 꽃물이 초경 치른 소녀의 옷자락에 스며들 듯 길 위에 흥건하게 배여 있다.

일제 강제징용 노동자상

소녀야! 아비랑 꽃놀이 가자꾸나.

'저도 갈래요. 저도, 꽃놀이 가고 싶어요. 어머니 손 잡고 아버지 목마 타고 꽃놀이 갈래요.' '그래, 그래. 소녀야! 아비랑 어화둥둥 꽃구경 가자꾸나.'

'아버지! 그렇지만 나는 갈 수가 없어요. 내 몸은 이미 만신창이가 되어 다시는 그 좋았던 시절로 돌아갈 수가 없어요. 내 친구 순덕이는 열다섯 살에 강제로 시집을 갔어요. 시집간 소녀는 순사가 데려가지 않았거든요.'

나는 안경을 닦던 손수건으로 마른세수를 시킨다. 그림 그리는 재주라도 가졌더라면 손등에다 나비 한 마리라도 그려주고 싶었다. '미안합니다. 미안합니다.' 인제 와서야 그 말을 대신하면 무슨

필요가 있을까. 그 말만이라도 하지 않으면 불면증에 밤을 지새울 것만 같다.

너무 일찍 철이 든 소녀는 배를 타고 남의 나라로 건너갔다. 자발적으로 간 게 아니라, 취직을 시켜 주겠다는 말에 귀가 솔깃했다. 보리쌀 한 줌이 아쉽던 시절이었다. 달콤한 사탕발림은 말짱 헛것이었다. 속는 게 아니었다.

소녀를 데려간 곳은 군인들이 거주하던 막사였다. 가림막 쳐진 곳에는 군인들이 줄지어 늘어서서 배설을 위해 자기 차례를 기다리며 있었다.

꽃놀이 동산에도 데려가고 돈도 벌게 해주겠다는 말에 귀가 솔깃했다. 어른들은 거짓말을 안 하는 줄 알았다. 가난한 집안에 입 하나 덜어내려고 멀미를 이겨가며 배를 타고 대한해협을 넘어갔다. 꽃구경시켜주겠다던 어른들 말은 말짱 거짓부렁이였다. 달콤한 말로 미늘에 밑밥 끼운 미끼를 덥석 물었던 게 잘못이었다.

위안소 우두머리 여자는 저승사자만큼 무서웠다. 무쇠 가위로 총총 땋아 댕기를 묶었던 머리카락을 단발로 아무렇게나 잘라버렸다. 그 대가로 '하야꼬, 요미요, 라는 족보도 없는 일본 이름 하나씩 지어주었다. 소녀들을 위해 악순이 언니는 머리카락을 잘랐던 가위로 임신해버린 또래의 탯줄을 잘랐다.

참혹한 현장을 어찌 눈으로 다 말을 할 수 있었으랴. 자신이 지은 죄도 없는 데, '사쿠' 피임약 606 매독 주사를 놓았다. 고향에 돌아가도 어머니가 단발머리 소녀를 알아보지 못할까 봐, 돌아갈 수도 없었다. 아니, 마음대로 갈 수도 없었다. 목숨이 질기기도 하지. 생목숨 끊는 것도 마음대로 되지 않았다. 소녀 또래의 소년이 먹을 것을 주고 갔다. 서로 아픔까지 나누는 게 사랑이란 걸 알려준 남자였다. 남자의 사랑은 오래가지 않았고 배신은 빨랐다.

한날한시에 남의 밥상에 놓인 숟가락을 빼앗듯 아버지마저 징용으로 차출되었다. 지나가다 잡혀가고, 농사일하다 강제로 끌려갔다. 조상 제사 때마다 빠지지 않고 메밥를 떠놓던 놋쇠 그릇마저 남김없이 공출당했다. 봄이 와도 온 줄 아나, 지나가니 간 줄 알겠나. 하시마 탄광은 지옥의 섬이었다. 처음부터 석탄을 채취하기 위해 개발된 섬이었다.

군함도라 불리는 탄광은 지하 갱도만 1km가 넘는 해저 탄광이었다. 숫자를 헤아릴 수 없이 강제 동원된 조선인들은 이곳에서 배고픔과 위험 속에서 중노동에 시달렸다. 숙소로 제공된 곳에는 바닷물이 들어오고 빛이 차단되었다. 창살 없는 교도소나 마찬가지였다. 창문이 없고 습기가 가득 찬 방에는 쥐와 벌레가 스멀스멀 기어 나왔다. 도망치다 잡히면 갖은 고문에 시달렸다. 가죽 채찍으로 말의 엉덩이를 내리치듯 고무 타이어 채찍으로 내리쳤다. 피가 맺히고 살집이 터지도록 후려쳤다. 할당량을 채우지 못하면 나오지 못했던 갱도의 끝에서 처절하게 몸부림쳤던 청년들이 거기 있었다.

그네들 나라의 소년들이 소풍 갈 때 우리나라 소년들은 막장에서 석탄을 캤다. 온갖 수난과 공포에 떨어야 했다. 막장에 갇혀 손으로 벽면을 더듬어 서툰 글씨로 삐뚤빼뚤 써 내려갔다. '고향에 가고 싶다. 배가 고파요. 엄마가 보고 싶어.' 그 현장이 꾸며낸 영화의 한 장면으로 연출되었다손 쳐도 그것만큼은 진실이라 믿고 싶었다. 당사자인 나라에서 노동을 착취했던 그곳을 세계유네스코에 기록하여 관광객을 불러들이겠다고 한다.

최소한 인두겁을 쓰지 말아야지. 해방되어도 조국으로 돌아오지 못한 위안부 노인들. 노동의 대가를 보상받지 못한 어른들은 이제 몇 분 남지 않았다. 그분들이 계셨기에 그날의 현장을 생생하게 증언하고 있다. 불면증 환자에게만 필요한 수면제 약을 처방만 할 게 아니다. 역사의 희생양이 되었던 분들에게도 반드시 치유의 명약을 연구해야만 한다.

웃는 저 꽃과 우는 저 새들이
눈물로 된 이 세상에 나 죽으면 그만일까?

동백섬 지심도

이래도 한세상 저래도 한세상

—〈사死의 찬미讚美〉 중에서

　시모노세키 항구를 떠나 '도나우강의 푸른 물결에', 사랑하던 연인들끼리 함께 몸을 날렸던 대한해협으로 꽃잎이 흘러간다. 붉었던 우리네 청춘도, 순정도 흘러간다. 누구의 혼을 담고, 역사의 흔적을 담고, 누구의 추억을 담은 채 동백 꽃잎이 떠내려간다.
　"우찌, 그런 세상이 다 있다쿠드노."
　좌익이 무언지 우익이 무언지도 모르던 무지렁이었다. 땅뙈기 준다길래 어떤 일을 하는지조차도 몰랐다. 평생 고깃배만 타고 그물코 꿰매던 사람들이었다. 잘사는 사람도 못사는 사람도 없이 모두가 공평하게 잘사는 세상이 온다기에 논바닥에 엎드렸다가 거머리 붙인 채 달려가고 서숙 밭에서 지심 매다 제 발로 스스로 걸어서 갔다. 오월에는 보리 멸치 잡아 젓갈 담고 겨울에는 거제 명물인 대구를 잡았다. 법 없이도 살 사람들이 빨치산 협력자, 보도연맹 좌익혐의자. 알지도 못하는 사건에 연루되어 그냥 영문도 모른 채 따라갔다. 억울한 죄명을 씌워 저 지심도 앞바다에 수장시켰다.

"아~아 모란이/ 아~아 동백이"/ 바람에 날리는 저 꽃잎 속에 내 사랑도 진다"

고향으로 흐르는 강물에 띄워 보내는 '흐르는 편지'와 '오직 한 사람'이라는 위안부 소설의 책장을 덮는다. 페이지마다 기록된 그 소녀들의 모습이 하나둘 떠오른다. 돈은 싫어도 명예만큼은 찾아드리는 게 후세들이 해야 할 도리가 아닐까. 바다를 건너오는 기쁜 소식은 여전히 들리지 않는다. 오늘도 소녀는 입을 닫고 바다를 내려다보고 있다.

가파른 계단을 힘들게 올라야만 하듯이 한 사람의 인생인들 수월했으랴. 빈손으로 찾아온 장승포에서의 생활은 기미산 언덕처럼 가풀막졌다. 월급을 쪼개 적금을 넣고 미전米廛에 밀린 외상값을 갚고 나면 생활비는 늘 부족했다. 조막손처럼 옹기종기 모여 살며 이웃들과 품앗이하듯 아이들을 돌보았다.

내 문학의 모티브가 되어준 장승포항. 가난한 생활이었지만 문학을 접할 수 있어서 좋았다. 내 작품 속에는 유독 바다를 소재로 한 작품이 많다. 바다가 좋아서라기보다 궁핍했기에 어쩔 수 없이

가파른 계단을 힘들게 올라야만 하듯이 한 사람의 인생인들 수월했으랴.

바닷사람으로 살아온, 그래서 자식들마저 뱃사람으로 만들 수밖에 없었던 부모님의 뿌리에서 근거했기 때문이리라. 삶의 닻을 내리려다 죽음의 덫에 걸려버린 형제들을 저 푸른 바닷속 심장에다 묻을 수밖에 없었다.

  이제 개구리 잡고 나비를 쫓았던 아이들은 고향인 장승포를 떠나 산다. 웃는 날보다 울었던 날이 더 많았던 빈 둥지에 내 청춘의 삼십 대가 담겨 있다. 그 추억의 언저리를 맴돌며 나는 여전히 장승포에 붙박여 산다. 언젠가 내 기억의 곳간에 바구미가 파고들지도 모른다. 그때쯤이면 장승포항에 가고 싶다는 말을 유언으로 남길 것 같아 두렵다. 물길은 예나 지금이나 변함이 없건만 뭍을 오가던 여객선은 젊었던 날의 우리를 싣고 사라져 버렸다. 오래 묵은 친구처럼 함께 늙어가도 좋을, 장승포, 여기 어때?

김임순
해양문학상, 방송대문학상, 동피랑문학상 대상(소설 〈혈의 꽃〉), 경남문협 우수작품집상(소설집 《허공 건너기》) 수상. 소설집 《허공 건너기》《무드셀라 증후군》, 수필집 《흔적》《집어등이 밝은 이유》, 공저 《거제 스토리텔링》

보이는 것 너머, 둔덕기성

섬에선 자연에 귀 기울이고 순응하는 사람들이 산다. 기상 관측자가 되어 바다에 이는 샛바람의 파고로 선박의 운항도 가늠한다. 무심히 보이는 풀들도 자세히 들여다보면 구멍도 있고 벌레들에게 뜯긴 상처도 있다. 아주 오래전엔 누군가의 삶이 어깃장을 놓을 때, 떠밀려 와야했던 유폐의 섬으로 불리기도 했다.

거제 둔덕면에서 도보로 기성까지 올라가면 한 시간은 족히 걸리는 길. 경사를 줄이면서 산자락을 비스듬히 휘감아 오른던 길이 잠시 넓어진 터를 만난다. 가파르게 쳐다보이는 성벽 아래 자연석에 예서체로 단정하게 옛시 한 편이 새겨져 있다. 교과서에도 나와 있던 〈정과정곡〉이다.

둔덕 기성의 또 다른 이름은 폐왕성이다. 고려의 풍운아 의종, 차라리 왕이 되지 않았으면 로맨티스트로 살았을 그가 3년이나 머

둔덕기성

물렀던 곳이다. 폐왕성이라는 이름 외에 이 성과 관련된 의종의 기록은 찾을 곳이 없다. 그의 만년에 대한 고려사의 기록은 매우 인색하다. 단 한 줄 "왕이 손위하고 단기單騎로 거제현에 유배되었다."고 하였다. 고려사절요에서는 "정중부는 왕을 협박하여 군기감으로 옮겼다. 을묘일에 왕을 거제현으로 추방하고, 태자는 진도현으로 추방하였으며, 태손을 죽였다."고 하였다.

  한편 정과정곡을 지은 정서는, 고려사를 보면 행적이 드러나지 않은 채 꽤 비중 있게 기술된 인물이다. 정치적 소용돌이 속에서 많이 휘둘렸다. 특히 의종이 왕위에 오르고 5년째 되던 해에는 유난히 중신들 사이에 정권을 장악하려는 모략이 일어나고, 왕의 친인척들도 직간접으로 연루되었다. 왕의 아우 대녕후 경(曝)이 위험 인물로 지목되고 그와 가까운 정서도 자주 거론되었다. 간관들은 정서가 대령후의 집에서 자주 연회를 한다고 죄 주기를 극력 청하였다.

논의가 거듭되자 왕은 정서에게 곤장을 치고 동래에 유배시켰다. 그 후로도 논의가 계속 일어나서 왕 11년에 정서를 거제도로 이배하고, 대녕후도 청주로 유배를 보냈다. 이리하여 정서는 약 14년간 거제에서 유배생활을 하였다. 정서의 거제 생활 역시 한 줄의 기록도 남기지 않았다. 잊힌 인물이 되었다는 뜻이겠다.

정서도 의종도 종내에는 거제에 유배를 왔지만, 그들이 어떻게 지냈는지, 서로 만났는지 알 길이 없다. 시간적 개연성으로 볼 때 그들은 한번쯤 만났을 수 있다. 의종은 폐위되었을지언정 왕이고 새 왕의 친형이다. 정치적 상황으로 보아 최대한 은밀하고 가장 빠르게 배소에 호송되었을 것이다. 정서는 왕의 외척이자 유배의 세월이 길었다. 정치적 위험성이 없었으므로 행동이 비교적 자유롭고, 배소가 오양성이라 한들 기성과 먼 거리가 아니다.

그도 이제는 노년으로 접어들어서 거제의 백성이 되어 있었다. 어느날 이질인 의종이 유배왔다는 소식과 동시에 자기의 해배 소식을 들었다. 명종은 즉위하자 곤장 이모부인 정서를 개성으로 불러올렸던 것이다. 정치감각이 있는 거제현감은 정서를 정성껏 대우하고 두 사람의 만남을 이끌었을 것이다. 그날 밤 두 사람 만남의 자리에서 정서는 긴 세월 부르던 〈정과정곡〉을 불렀으리라.

"산접동새는 나와 비슷하오이다." "잔월효성이 알으시리이다." 사람도 가고 세월도 흘러갔지만 오직 하늘의 달과 별은 늘 그 사연을 내려다 보고 있다는 노랫말이다. 의종에 대한 그리움과 원망의 노래이지만 이날 밤 원망은 표백되었다. 혹자는 정과정곡의 표현이 세속적이고 다른 시에서도 흔히 쓰이는 상투성이 있다고 평가한다. 민간의 정서나 흔한 표현을 가져오는 그것이 "악부"라는 음악에 쓰이는 노랫말의 관습이고 특성이다. 창작성을 강조하는 한시와 서로 다른 장르적 정체성이기도 하다.

의종도 정서도 이런 음악의 전문가이다. 고려사에도 정서는 재예가 뛰어난 사람이라고 했고, 의종도 연회 도중에 연달아 악부 두 곡을 지어 불렀다고 했다. 어떤 경로를 거쳤는지 몰라도 이것이 고려의 왕실 음악에 편입되었고, 조선조의 국가 공식 음악서인 악학궤범에 실렸다.

자유의 몸이 된 정서는 날이 새자 왕명에 응하여 개경으로 돌아갔고, 삼년 뒤 의종은 복위를 추진하는 사람들을 따라 죽음이 기다리는 줄 모르고 경주로 향해 떠났다. 그러나 그들의 숨겨진 사연과 드러난 노래를 거제에 남겨 놓았다.

우리에게 나쁜 왕으로 기억되고 있는, 문자로 남은 의종은 젊어서는 격구를 좋아하고 관람도 자주 하는 스포츠 마니아였으며, 끊임없이 절을 찾아 각종 법회를 열었다. 물을 찾아 뱃놀이를 즐기고, 산곡을 찾아 연회를 베풀면서 밤과 낮을 이었다고 하였다. 유난히 별자리에 관심이 많아서 길흉에 민감하였다. 이런 그에게 소인배를 가까이하여 마침내 화를 당하였다고 고려사를 쓴 역사가

는 총평을 남겼다.
　그렇다고 만만히 볼 인물은 아니다. 경연을 자주 열어 학문을 익히고, 성을 쌓아 경비를 강화하였다. 강포한 금나라와 끊임없이 예물을 주고받으면서 우호를 다졌고, 허약한 송나라와는 품위 있게 교유하였다. 크고 작은 일이 있을 때마다 사면을 단행하여 화합을 추구하기도 하였다. 한편 음악과 공연문화에 힘을 기울이고, 스스로 악장을 지어 부르기도 하였으니, 그의 조부인 의종이 정립한 고려 음악 체계를 발전시키려는 노력이기도 하다. 문벌들이 왕실과 겹겹으로 혼인하던 상황에서 당숙질 이하의 친인척간 혼인을 금지하였다. 이 두 가지는 예악의 명분을 다진 일이기도 하다.

세월의 흐름 속에 그리워하던 사람도, 쫓겨왔던 사람도 다 떠났다. 산접동새마저 울지 않는 시대가 되었지만, 과거는 현재 속에 생동하고 생채기도 남긴다. 단순히 폐기된 시간이나 지나간 자료가 아니라 생생히 살아서 우리에게 이야기를 걸어오는 시간이다. 그러나 역사는 승자의 편이다. 세상도 남쪽에서는 양지만 보이고, 북쪽에선 그늘만 보이듯 역사를 바라보는 우리의 시각도 보이는 것 너머의 의미를 되짚어 볼 필요가 있을 듯하다.

우광미
부산 출생. 2012년 《수필과 비평》 신인상 등단. 《평론으로 읽는 현대수필》 40인에 선정(2018년), 《경남신문》 신춘문예 수필부문 수상(2020년), 《The 수필》 빛나는 수필가 선정(2021년, 2022년). 에세이집 《궤적을 찾다》

서불약수터

 거제의 동쪽 새벽하늘은 매일 발갛게 물든다. 때로는 구름에 흩어지기도 하지만 곧 둥글게 바뀐다. 새벽 아침이슬을 머금고 생명이 자란다. 들판의 곡식도 길옆 꽃밭에도 붉은 더운 입김이 닿아 파란 새싹을 돋게 하고 꽃도 피우게 한다.
 기원전 219년 진시황제의 명을 받아 불로초를 찾으러 남해섬 금산을 거쳐 서불徐市이 거제 남동쪽에 닿았다. 바다의 금강산이라 불리는 해금강을 바라보며 서불은 어떤 생각을 품었을까?
 전설에 따르면 우제봉 바위에 깊게 새겨졌던 서불과차徐市過此가 역사를 말해준다. 아쉽게 서불과차 글귀는 1959년 9월 불어닥친 사라호 태풍에 의해 지워지고 없다. 우제봉 바위에 새겨졌던 글귀는 이제 사진으로만 전해져 내려오고 있다.
 거제시는 2012년부터 섬앤섬길을 조성하기 시작했다. 모두 16개

코스에 164km에 달하는 길이다. 거제 섬앤섬길의 특징은 수려한 바다 풍광을 조망하며 걸을 수 있다는 점이다. 그중 우제봉가는 길은 열다섯 번째 코스다. 해금강호텔 입구에서 우제봉전망대를 오르는 산길은 가볍게 산보를 할만큼 완만하다. 이 길은 거제시가 섬앤섬길로 다듬었다. 섬앤섬길 트레킹코스 전부 빼어난 절경으로 아름답다. 우제봉길도 그 중의 하나다. 한려해상국립공원 내 명승 2호 해금강이 눈앞에 펼쳐져 있기에 유명세를 탔다.

　우제봉 길은 해금강마을이 출발지다. 해금강 천년송은 사자바위 꼭대기에 있었다. 바위틈에 뿌리를 내려 새벽이슬 머금고 이를 영양분 삼아 질긴 생명력을 유지했다. 어느 날 비바람에 사자바위 잇빨이 빠졌다. 그리곤 천년송도 사그라들고 말았다. 예전 호황을 누렸을 해금강호텔 입구에 우제봉 찾아가는 길 안내 간판이 눈에 띈다. 이곳에서 우제봉까지 1.2km 거리다. 산길을 조금 올라서니 왼쪽에 서자암 기와지붕이 보인다. 암자에 들르니 부처님이 해금강을 내려다보고 있었다. 서자암을 등지고 꼬불꼬불 등산로를 따라 확 트인 푸른 바다가 반긴다.

　등줄기에 땀이 살짝 맺힐 찰라 우제봉전망대에 올랐다. 200여 미터 앞 우제봉 정상은 군사보호구역으로 출입이 제한되어 오를 수 없다. 우제봉雨際峰은 말 그대로 기우제를 지냈다는 뜻에 기인한다. 뙤약볕 타들어가는 대지의 목마름에 단비를 기원하는 풍습이다. 사실 마을에서의 기우제는 풍년과 풍어를 기원하는 의미가 더 셌다. 그러다보니 전국적으로 우제봉이란 명성을 얻은 산자락도 제법 있을 것이다. 거제 우제봉 섬앤섬길은 주민들은 물론 관광객들에게 입소문이 퍼지면서 명품 트레킹코스가 됐다.

거제 우제봉은 전설이 깃든 곳으로도 유명하다. 중국대륙 천하를 통일한 진시황이 서불로 하여금 불로초를 구해오라는 명을 내렸다. 서불이 해금강과 우제봉을 다녀갔다. 우제봉 벽면엔 서불과 차 글이 새겨져 있었다. 서불이 이곳을 다녀갔다는 뜻이다. 그러나 1959년 9월 불어 닥친 사라호 태풍에 의해 벽면이 무너지고 말았다. 우제봉 벽면을 보노라면 2243년 전 서불의 모습이 눈에 서린다.

진시황 불로초를 찾아 헤매던 서불이 유숙한 곳이 지금의 와현 해변이다. 와현臥峴의 지명 옛 이름이 누우래재다. 서불의 유숙지로도 읽혀진다. 서불 일행은 거제의 수려한 해안절경을 따라 해금강이 지척인 곳을 유숙지로 삼았을 것이다. 와현 해변의 모래 숲은 수천년을 이어왔다. 지난 2003년 9월 매미태풍으로 와현 해변이 초토화됐다. 그 상흔이 얼마나 깊었던지 누우래마을이 큰 상처를 입었다. 와현 해변을 감싸고 있는 매미공원은 알고 있다. 그런 매미공원 가장자리에 서불유숙지 표지석이 세워져있다. 전설에 의하면 서불은 동남동녀 3,000명을 거느렸다. 당시 엄청난 대군의 이동이었을 것으로 짐작된다. 서불에 관해 중국역사의 대가 사마천의 사기에도 기록되어 있다. 와현 해변에서 유숙했던 서불 일행은 일본 후쿠오카현 야메시八女市로 건너가 정착했다고 전해진다.

와현 해변의 매미공원 곳곳에 세워져 있는 조형물들도 의미심장하게 느껴진다. 서불과의 인연으로 일본 야메시에서 보내온 조각

물이 서불유숙지 옆에 놓여 있다. 드디어 2012년 5월 거제시는 야메시와 자매결연을 맺었다. 서로 한가족이 될 만큼 서불의 후손으로 이어지고 있는 셈이다. 양시는 농업과 산림분야, 스포츠와 문화 등 우호협력증진과 함께 민간교류를 재촉하는 이유가 됐다.

서불의 전설은 서불약수터까지 이어진다. 와현 산비탈 동쪽 끝자락에 있는 샘물이다. 일명 일운약수라 불리어왔던 샘터 명칭이 새로이 만들어졌다. 누우래마을의 서불유숙지를 찾아 거제를 방문한 평생 물 연구를 해온 지인에 의해서다. 2017년 발간된 한국의 약수 샘물에 서불약수터가 게재됐다. 과학적으로 처음 증명된 것이 놀랍다. 계절에 관계없이 흐르는 물의 양이 일정하고 물맛이 좋다고 여겨졌지만 이를 성분으로 분석한 게 처음이다. 서불약수터 샘물은 건강에 효험이 있다 하여 고정적으로 애용하는 주민들이 많다.

오랜 세월을 거슬러 서불이 유숙하면서 마셨을 샘터이기에 잘 가꾸어야 한다. 서불약수터로 명명되어 자랑하는 곳이기에 더욱 더 그렇다. 물은 생명의 근원이다. 선조들이 좋은 물을 가리켜 약수라 부른 의미를 되짚어보게 한다. 수천년을 이어온 와현 해변의 모래 숲이 보드랍게 만져진다. 가까이 다가갈수록 멀리 바라보이는 섬들도 서불의 전설을 기억하고 있을 것이다.

전기풍
시인. 경남대 사회복지학 석사, 행정학 박사.《현대시문학》신인상 등단. 순리문학상 수상. 거제시 사회복지협의회 초대회장. 경남도의원. 저서《선진문물과 평원》외 다수. 거제문협, 경남문협 회원

정원 라이프
― 옥동힐링가든

우리 집은 둔덕면 상둔리의 옥동마을에 있으며, 우람한 산방산과 옥녀봉, 백엽산과 백호봉을 각각 내외 청룡과 내외백호, 그리고 뒤쪽에는 조산祖山 계룡산과 주산主山인 포옥산을 베개삼고 멀리 서쪽을 바라보고 안치봉을 안산案山으로 삼는 풍수의 명당으로 알려진 곳이다.

우연한 기회에 물이 좋아 구입하게 된 땅에 가족들과 같이 나무와 꽃을 심고 다듬던 중 우연히 방송에 캐나다의 '부챠트 가든'을 소개하는 영상을 보게 되었다.

나는 순간 이렇게 만들어야 될 것 같다는 생각이 들었고 아내를 비롯한 가족들이 동의해 주었다.

그때부터 땅의 모양을 만들고 돌을 골라내고 물을 흘려 땅을 적시고 나무가 자라기 적당한 조건을 만들어 주는 일도 만만치 않은 일이었지만 작은 식물을 심어서 자라는 모습이나 씨앗을 뿌려 꽃이 필 때는 정원 일에 따른 피로를 말끔히 씻어주곤 하였다.

그리고 이때부터 정원과 식물에 관한 공부를 하게 되었고 여행을 갈 때에는 정원을 둘러보는 일이 잦아졌다.

영국이나 프랑스, 이태리 등의 유럽식 정원의 특징과 일본, 중국, 한국의 전통정원 등 동양의 정원도 관심 있게 보았고 부분적으로 우리 정원에 적용하거나 약간의 변형을 주어 만들어 보았다. 그러나 2,000평坪이 되지 않는 땅에다 여러 정원의 특징을 살려 조성하려고 하다 보니 규모는 작아지고 깊이 있게 정원을 보는 데는 한계를 가지고 있지만 이 땅에 애정을 가지고 가족들의 성원과 아내와 함께 정원을 만든 지가 벌써 30년이 되었다.

현재 옥동힐링가든은 4단계의 층차가 있는 땅에 계곡의 물을 활용하고 또 땅 한가운데를 흘러가는 농수로가 수생정원과 일반정원을 구분하는 경계가 되고 있으며, 언덕의 중간쯤에서 흘러나오는 지하수가 이 정원을 적시고 있다.

그리고 몇 개의 테마를 가진 정원이 있는데 서양식 정원인 '안나(집사람의 가톨릭 세례명이다)'와 일본식 정원인 ' 나기(凪/지. 바람이 자고 파도가 그친다는 의미)', 한국 전통정원을 만들려고 하다가 불교식 만다라 정원을 만들었는데 이름을 '공空'이라 붙인 정원이 있다. 이 정원은 좀 더 특별한 의미를 가지고 있는데 정원을 조성하면서 가까운 66명의 동참자와 6개의 후원단체가 참여하였다. 그래서 '與友同造 與民同樂(벗들과 함께 만들고 많은 사람이 같이 즐긴다)'라는 글귀를 만다라 정원의 개원 기념비에 새겨두었다.

옥동힐링가든(경남 제7호 국가등록 민간정원)

그리고 제일 하단의 농수로를 끼고 있는 정원은 수생정원인데 이를 2개로 구획하여 하나는 '개구리'라 이름 붙이고 다른 하나는 '태극'이라 이름을 붙인 정원이 있다.

개구리 정원은 개구리 합창단을 만들어 노래를 들을 수 있게 하였고, 태극정원은 동양의 음양오행과 태극사상을 설명하기 위해 만든 하경정원이다.

그동안 심었던 나무는 이미 무성한 가지를 가진 10m를 넘는 나무로 자랐고, 여기저기서 구해 심은 꽃과 나무를 대충 세어보면 정원에서 살아있는 것만 해도 300여 종이 넘는 것 같다.

봄을 알리는 복수초의 노란 꽃을 보다 보면 어느새 수선화가 피고 수선화가 질 때쯤이면 벚꽃이 사방을 뒤덮는다. 힐링가든의 벚꽃이 만개한 봄날은 밤이 늦도록 가까운 이들의 향연의 자리가 되곤한다. 시인과 묵객뿐만 아니라 소리 잘하는 명창들도 봄을 노래한다. 그러다가 벚꽃이 바람에 휘날릴 때는 모두 탄성을 자아내고, 밤에 불을 켠 다음 보는 경치는 환상적이라고 입을 모은다.

그러다 문득 고개를 들어 수생정원을 바라보면 화이트 핑크 샐릭스(무늬버들)가 흰색과 녹색 분홍색의 잎이 마치 꽃처럼 정원을 덮고 있다.

벚꽃이 질 때쯤이면 순백의 목련꽃을 볼 수 있고 우리정원에는 물카라가 목련꽃과 잘 어울려 핀다. 목련이 질 때쯤에는 그때부터 영산홍과 철쭉의 아름다움에 빠져 볼 수도 있다. 그러다 어느새 여름을 맞게 된다. 요즘은 장미도 이때 피는 것이 있다. 그리고 이때부터는 풀과의 한판 씨름이 시작된다. 더운 날씨와 잦은 비는 풀도 꽃들도 무한정 자라는 것 같지만 풀을 두면 작은 꽃들은 풀에 가려져 보이지 않게 되고 과습과 일조량의 부족으로 죽기도 한다.

장마철에 특별히 꽃을 보지는 못하지만 간간히 해가 뜨는 날에는 나기정원과 계곡의 폭포가 청량감을 더해주고 매미소리가 사방에서 들려온다.

천둥과 장대비가 토사를 운반해 오기도 하지만 이들 역시 정원에는 중요한 재료다. 돌은 모아 돌망태나 경계를 만드는 데 사용하고, 토사는 꺾꽂이용 흙으로 사용하면 좋다. 서너번 풀을 베거나 뽑기도 하면 어느새 가을이다.

요즘은 코스모스도 일찍 피고 조금 있으면 꽃무릇이 올라온다. 꽃무릇이 질 때 쯤에는 금목서의 진한 향기가 정원을 가득채운다. 금목서는 노란 꽃도 작고 예쁘지만 그 향기를 포집하여 프랑스의 유명한 향수회사에서 향수의 원료로 쓸 만큼 향이 매혹적이다. 금목서의 향기가 사라질 무렵이면 지금 부터는 가을맞이를 준비한다. 국화를 보기에는 조금 이른 시간이라 가을의 분위기를 연출하는 글라스와 핑크뮬리로 기본적인 셋팅을 하고 몇 가지 열대식물로 포인트를 준다.

그리고 음악도 가을에 맞춰 준비하고 곧 이어 다가올 겨울에 맞춰 크리스마스 캐롤과 지난 겨울에 넣어두었던 산타클로스와 루돌프도 꺼내고 반짝이 등도 점검한다. 늦은 가을에 피는 국화는 겨울이 깊어 갈수록 향과 색이 선명하다. 그래서 오상고절傲霜孤節이라고 부른단다.

거제도는 12월 초까지는 웬만한 식물은 밖에서도 버틴다. 그러나 동지가 지나고 1월이나 2월의 계속되는 한파에 노출되면 죽는 식물이 많다. 그래서 일기 예보에 귀를 기울여 한파가 계속된다는 예보가 오면 부지런히 온실로 옮기거나 옮기지 못하는 것은 볏짚이나 보온재로 싸 주어야 한다.

겨울이 오면 이때에는 채종해 놓았던 씨앗들을 살펴보기도 하고 정원의 기본적인 구조들에 대한 수정도 한다. 사실 나무가 자라면 어릴 때 심어놓았던 나무가 간격이 너무 좁아지기도 하고, 초화류는 나무그늘 때문에 죽기도 한다. 그래서 이때 미리 살펴보고 이사를 준비해야 한다.

힐링가든에서는 그동안 미니 정원 만들기를 통해 정원 설계와 정원의 아름다움에 관한 체험, 간단한 물꽂이와 분재 만들기, 정원의 꽃들로 향수 만들기 등을 해왔으나 올해부터는 편백숲 걷기와 요가·명상을 첨가하여 운영했다.

나뭇잎이 떨어진 후에는 가지의 전체적인 모습을 볼 수 있기 때문에 이 때 전정剪定(가지치기)을 하면 수형을 잡기가 좋다. 가을에 받아놓은 퇴비나 묵혀두었던 정원 부산물도 이 때 적당히 뿌려준다.

정원을 가꾸는 사람에게는 겨울은 그래도 조금이나마 여유가 있다. 정원관계 참고책자를 보기도 하고 봄부터 해야 할 정원프로그램도 구상해야 한다. 그리고 정원을 홍보할 계획이나 프로그램 참여자들을 만나야 한다.

힐링가든에서는 그동안 미니 정원 만들기를 통해 정원 설계와 정원의 아름다움에 관한 체험, 간단한 물꽂이와 분재 만들기, 정원의 꽃들로 향수 만들기 등을 해왔으나 올해부터는 편백숲 걷기와 요가·명상을 첨가하여 운영했다.

정원을 통해 순간의 심미적 아름다움과 정서적 안정과 평화를 얻는데서 그치지 않고 심신의 회복을 통해 다시 일상으로 돌아가서 최선을 다해 생활할 수 있도록 전문적인 분야의 협력을 위해 대형병원과 협약도 맺고 전문가들을 초빙하여 프로그램을 진행한다.

앞으로 거제도의 관광은 겨울철 온화한 기후와 깨끗한 환경, 해양 레포츠를 비롯한 레저활동을 엮어 웰니스관광으로 가야 한다고 보는데 정원은 그 중 한 요소로 자리 잡게 될 것이다.

황수원
장승포 두모 출생, 《한국수필》 등단, 저서 《정든 거제, 정들인 사람》 외 다수, 거제박물관장, 남해안관광신문 대표

사랑하면 보이는 것들
—내 삶의 뿌리가 된 영혼의 안식처

　1984년, 젊은 교사로 첫발을 내디딘 거제에서 내 인생의 여정이 시작되었습니다. 청춘의 열정으로 가득 찬 그 시절, 440km에 달하는 거제도 해안선을 처음 일주했던 기억이 아직도 생생합니다. A형 텐트 하나에 의지한 채, 비포장도로를 따라 해금강과 학동을 오가며 맞닥뜨린 거제의 아름다움은 내 영혼을 사로잡았습니다. 교사 시절, 학생들과 함께한 시간은 내 인생에서 가장 빛나는 순간들이었으며, 구천계곡의 맑은 물에 발을 담그며 별빛 아래 미래를 꿈꾸던 그 밤들, 그리고 학생들과 나눈 소소한 대화들은 지금도 내 가슴 속에 따뜻한 추억으로 남아있습니다.

　2010년, 지세포중학교 교감으로 부임하면서 거제에 대한 내 사랑은 더욱 깊어졌습니다. 사람도, 자연도 잠에서 깨어나기가 힘겨운 새벽 거의 매일 자전거 라이딩으로 지세포에서 해금강까지 달리며 만난 해무는 마치 거제의 숨결이며 포근한 어머니의 가슴 같았습니다. 저를 조금은 여유롭게 세상을 바라보고 성장하는 아이들을 조급하게 재촉하지 않고 기다려주는 힘을 갖게 해주는 힘을 키워 주었습니다. 그리고 구조라 수정봉 정상에서 맞이한 일출은 매일 새로운 희망을 안겨주었고, 무박 2일로 '지세포-옥녀봉-국사봉-대금산-앵산-계룡산-선자산-노자산-북병산-옥녀봉-지세포'로 거제의 산들을 종주하며 본 작은 마을의 따사로운 불빛과 조선소의 웅장함이 넘쳐나는 장관은 이 땅의 현재와 미래를 동시에 보여주는 듯했습니다. 무한히 성장할 아이들과 같이 무한히 성장할 거제의 힘을 매 순간 느끼는 시간이었습니다.

  2016년, 거제제일중학교 교장으로 부임한 후, 나는 거제도 해안선을 따라서 네 차례나 두 발로 걸어서만 일주하였습니다. 때로는 혼자서, 때로는 학생들과 때로는 학부모님과 그리고 동문 선배님과도 함께하는 이 여정을 통해 만난 사람들의 따뜻한 정과 활기찬 모습은 거제의 진정한 매력을 느끼게 해주었습니다. 길가에 핀 들꽃처럼 소박하지만, 아름다운 주민들의 미소, 바다를 바라보며 꿈을 키우는 아이들의 눈빛, 그리고 오랜 세월, 이 땅을 지켜온 어른들의 주름진 얼굴에서 나는 거제의 과거와 현재, 그리고 미래를 보았습니다. 그리고 우리 학생들 모두와 저마다 미래의 주인공이 되고자 도전을 즐기는 나날들로 채워온 순간순간의 행복함을 지울 수가 없습니다.

  세 번째 찾아온 거제, 그 마지막이 될지도 모를 거제면은 나를 진정한 거제 폐인으로 만들어 주었으며 내 영혼을 풍요롭게 살찌워주기에 충분하였습니다. 내가 진정으로 사랑하였으며 지금도 사랑하고 있는 거제면의 사랑하면 보이는 것들을 알려 드릴까 합니다. 자 그럼 저에게 특별한 의미를 지닌 곳, 단순한 지리적 공간이 아닌, 내 삶의 이야기가 새겨진 소중한 터전의 아름다움에 빠져 보시겠습니까?

먼저 거제면은 역사의 숨결이 살아 숨 쉬는 곳입니다. 1704년(숙종 30년)에 거제 유림에 의하여 설립되어 우암 선생님을 모시는 교육기관이 있다는 것을 알고 계시나요? 바로 반곡서원입니다. 이미 그때부터 교육에 매진한 곳이 바로 거제면입니다. 또 1470년(성종 1년) 고현성에 건립되어 일반 행정과 군사 업무를 총괄하였던 곳이며, 1593년 삼도수군통제영이 한산도에 설치되면서 객사로 사용되기도 하였으며 통영의 세병관과 여수의 진남관과 비견할 만한 규모의 형식을 갖춘 기성관을 알고 계시겠지요. 가을이 깊어 가면 기성관을 지켜보고 있는 은행나무의 위용을 잊을 수 없을 것입니다. 이 모두는 과거의 영광을 고스란히 간직한 채 오늘을 살아가는 우리에게 지혜를 전해줍니다. 또 매년 정월 초에 마을 공동체가 계획하고 추진하여 주민의 안녕을 기원하던 남해안 별신굿이 아직도 전승되고 있는 곳이 있습니다. 바로 죽림마을 남해안 별신굿입니다. 국가 무형문화재로서 전승되고 있는 곳이 몇 곳이 없음에도 그 명맥을 유지하는 별신굿은 들맞이 당신굿을 시작으로 일월맞이, 골메기굿, 제식굿, 용왕굿 등의 굿 마당이 펼쳐지는데 주민의 화합과 전통문화를 계승하고 있으며 이제는 축제의 장으로 전승되고 있는 문화유산이 보존되고 있다. 이 땅의 역사와 전통이 여전히 생생하게 살아있는 거제면을 어떻게 자랑하지 않을 수 있겠는가?

이런 역사와 문화뿐만 아니라 자연경관도 으뜸이라 무엇을 먼저 알려야 할지 모르겠다. 그럼 거제면의 진정한 숨은 아름다움이 고스란히 담겨 있어 단양팔경과 어금 버금가는 기성 팔경岐城八景을 잘 모르시는 분들을 위하여 먼저 소개할까 한다.

- **황사낙안**黃沙落雁: 죽림 모래사장의 한가로운 기러기 풍경은 마음을 평온하게 하여 삶에 지친 영혼을 위로해 주기에 충분하답니다.
- **죽림서봉**竹林棲鳳: 울창한 대숲에서 노니는 새들의 천상 조화는 자연의 신비를 느끼게 하며 저마다 목청을 돋구지만 어지럽지 않은 하모니는 심포니를 감상하는 듯합니다.
- **수정모종**水亭暮鐘: 수정봉 아래 세진암의 고요한 종소리는 영혼을 깨우는 듯 맑고 청아하며 은은하기까지 하여 가슴을 울리고 먹먹한 여운으로 자리하여 바른 삶을 가꾸어 준답니다.
- **오암낙조**烏岩落照: 오수 뒷산 까마귀 바위의 장엄한 낙조는 하루의 끝을 아름답게 장식하게 하고 새로운 내일을 준비하는 힘을 선사한답니다.
- **내포어화**內浦漁火: 거제만의 어선들이 만들어내는 아련한 불빛은 밤바다의 로맨스를 선사하고 미지의 세계로 떠나는 여행길을 안내하여 주기도 한답니다.

- **연진귀범**蓮津歸帆: 만선의 꿈을 안고 출항한 배들이 만선의 깃발을 휘날리며 연진나루터로 귀항하는 어선들의 장관은 고향의 따뜻함과 풍요로움을 선물한답니다.
- **오송기운**梧松起雲: 오송 마을 뒤 바다와 산에서 솟아오르는 구름은 신비로운 풍경을 연출하며 끝없이 솟구치는 혈기 왕성한 모습은 청춘의 꿈을 되새김질하게 가슴을 방망이질한답니다.
- **각산야우**角山夜雨: 각산 부두에 내리는 밤비의 아련한 정취는 감성을 자극하기에 충분하고 바다에 퍼지는 작은 파문들은 세파에 시달린 어지러운 마음을 차분하게 다독여 주는 듯하답니다.

어떠세요. 기성 팔경의 하나하나가 한 폭의 그림이며 스토리보드가 되어 나의 삶과 추억을 풍요롭게 살찌워주었는데 거제면의 매혹에 빠지고 싶지 않으세요.

기성 팔경에 속하지는 못하지만, 미국 FDA에서도 인정한 청정해역이 거제만입니다. 그곳에서 자라고 있는 굴 종패 양식장이 사열하듯 줄줄이 늘어서서 황금 노을을 반사하는 금빛 윤슬을 어찌 지중해와 비길까요? 고고하게 달빛이 내리는 날, 고자 산치에서 달빛을 부수며 거제면을 바라보며 완만한 경사면을 걷는 길은 스위스의 알프스가 이만할까요? 이탈리아의 사이프러스 나뭇길이 이만할까요? 고요함과 은은함이 마음의 평화를 선물해 줄 것입니다. 가을날 거제 벌판이 황금으로 물들 때 계룡산 남부 사면을 억새 사이로 걸으면 가난한 맘도 풍요로 가득 채워 줄 것입니다. 마음의 가까이 가지 않으면, 느리게 가지 않으면, 사랑하지 않으면 알 수 없고 볼 수 없어 느낄 수 없는 아름다움이 넘치고 넘치는 곳이 바로 거제면인데….

 또 거제면은 미래를 향해 끊임없이 나아가는 곳입니다. 대한민국의 6차 산업을 책임질 농촌지도센터는 거제면을 미래산업의 선두 주자들이 빠른 발걸음을 옮기도록 최선을 다하여 지원하여 그 어디에서도 쉽게 접근하지 못한 알로에, 파인애플, 파프리카, 한라봉, 느타리버섯 등을 비롯하여 열대 생물을 중심으로 시험 재배에 주력하고 있어 언제든지 미래 산업을 체험할 수 있는 곳이 되었습니다. 그럴 뿐만 아니라 매년 섬꽃축제를 개최하여 거제시민뿐만 아니라 경상남도민들의 힐링을 책임지는 활동을 덤으로 나눔 하는 곳이랍니다. 그리고 수산 안전 기술원과 패류양식 연구소는 우리나라의 해양 패류 양식을 책임지고 선도하는 연구소로 성장하는 곳이며 자라는 청소년과 미래를 준비하는 전문 어업인의 꿈을 함께 키우고 성장을 촉진하는 곳으로 언제든지, 누구든지 도움을 받을 수 있어 꿈이 영그는 곳이랍니다.

 그리고 사람의 향기가 물씬 풍기는 곳이 거제면이라는 것을 아시나요? 이제 점점 사라져가서 사람의 향기와 추억의 정취를 찾기가 쉽지 않은 오일 장이 열리는 곳이랍니다. 매월 4일 9일이면 어김없이 열리어 추억과 먹거리와 재미와 따사로움 넘치는 시골 사람들의 정을 물씬 느낄 수 있는 전통시장이 우리를 기다리고 있답니다. 또 그 어떤 시골에서도 찾아보기 힘든 갤러리가 있어, 지나는 사람들의 발길을 놓아주지 않기에, 충분한 전시를 즐길 수도 있답니다. 갤러리 거제와 초담갤러리는 도시의 삶에서 찌든 육체를 풋풋함으로 채워 주고 미래를 열어갈 에너지를 나누어 줄 것이랍니다.

궁금하지 않으세요. 떠나고 싶은 맘에 엉덩이가 들썩여 주체하기 어렵지 않으세요. 역사와 전통, 자연과 문화, 사람이 어우러져 희망찬 미래를 꿈꾸는 곳입니다. 이곳에서 보낸 내 추억의 사진첩은 내 삶의 가장 귀중한 보물이 되었습니다. 거제면은 단순한 고향이 아닌, 내 영혼의 안식처이자 끊임없는 영감의 원천입니다. 이 아름다운 땅에 대한 사랑과 감사의 마음을 영원히 간직하며, 나는 오늘도 설레는 마음으로 거제면의 새로운 내일을 꿈꾸어 본답니다.

최명상
경상대학교 사범대학, 경남대학교 상담심리학 석사 졸업
거제제일중학교 교장 역임
옥포성지중학교 교장 역임
고성중학교 교장 역임

기성현지岐城縣址 발굴 이야기
― 거제 둔덕면

거제는 고려시대 151년간 왜구들이 침입하여 종횡무진하며 살았던 곳이다. 임진란 후 71년간 통치 부재의 섬이 되기도 했다. 기성현은 288년간 둔덕에 있었으나 남방에 접해 있는 섬이기 때문에 잘 알려지지 않았다.

기성현이 있었던 둔덕은 거제에서 제일 아름다운 산으로 알려져 있는 산방산이 동남으로 감 쌓고 우두봉이 북서로 감 쌓고 있다. 양쪽 산이 감 쌓고 있는 골짜기는 작은 분지로 농경문화가 발달 하였다. 그리고 한려수도의 뱃길이 열려 있는 둔덕만은 통영시와 둔덕이 마주 하고 있다. 서해의 해로를 열어주는 중요한 항구의 관문 역할을 한다.

산방산 아래로부터 둔덕만까지 긴 들판은 비옥한 땅과 풍부한 물이 있다. 그리고 거제 쪽으로 간덕과 옥산들이 있으며 고개 너머로 옛 독로국瀆盧國(두로국)의 왕도지로 알려져 오고 있는 사등의 언양 들이 있다.

 농경 시대에는 넓고 비옥한 들이 있고 산 좋고 물 좋은 곳이 자연 적으로 인류가 모여서 살 수 있었던 좋은 여건을 갖추고 있었다. 지형적으로 북쪽을 등지고 있기 때문에 따뜻한 양지쪽 고을이다. 육지의 끝 마을인 통영과 가까운 거리에 있기 때문에 진주 관영의 통제를 받기가 쉬웠던 곳이기도 했다. 농사지을 땅도 많고 바다에서 생산 되는 풍부한 수산물이 많았기 때문에 거제에서는 살기 좋았던 곳이다.

 군사적으로도 요충지다. 사방이 산으로 높이 쌓여 있고 서쪽으로 둔덕만이 열려 있다. 항구는 화도와 한산도가 가로 막고 있다. 내해 깊숙한 곳에 위치하고 있기 때문에 왜구의 침입이 어렵던 곳

기성현지 주민

이다. 그런 좋은 지형적인 여건 때문에 기성현이 둔덕에 있었다. 기성현이 있을 때는 통영과 고성 일부까지도 기성현에 속했다고 한다.

1995년의 일이다. 나는 겨울부터 둔덕면 거림리 일대에 농경지 정리를 한다는 말을 듣고, 1996년 1월 18일 문화재 위원인 동아대 이 용현교수와 현장에 갔다. 마침 그때 기성현 동헌지(東軒址)를 도 자로 밀고 있었다. 그곳에서 동헌의 주춧돌이 발견되었다. 경지정 리를 하면, 기성현지가 없어질 것 같았다. 그 지역작업을 일시 중 단 시켜 놓고, 급히 시청으로 돌아와서 긴급 발굴 보고서를 작성 하여 조상도 시장의 승인을 받아, 그 지역은 당분간 공사를 중단케 하고, 동아대학 박물관과 발굴 계약을 하였다.

벼농사를 지을 날이 얼마 남지 않았는데, 발굴을 한다면 모를 심

기성현지 발표

지 못하여 농사를 못 짖게 된다면서 주민들의 거센 반발이 있었다. 현지에 나가서 농사를 지을 수 있도록 긴급 발굴을 하겠다고 설득을 하고, 주민들의 협조를 요청 했지만, 짧은 기간에 어찌 발굴이 쉽게 끝나겠느냐며, 극구 반대를 해서, 내가 주민대표에게 모를 심지 못하면 배상 하겠다는 각서를 써주고 긴급 발굴 허가를 받아서 발굴을 시작 했다.

1996년 4월 6일, 현장에서 둔덕 출신 당시 거제시의회 김득수 의장이 개 토제를 지내고, 발굴을 시작하여, 5월 16일까지, 거림리 274번지 일대를 40일간 동아대학 박물관에서 발굴을 하였다. 발굴 기간 내 비가 오지 않고 날씨가 좋아서 무사히 잘 마무리하였다.

모를 심기 전까지 발굴을 끝내야 하기 때문에 심봉근 동아대학 박물관장과 지도 교수들은 거림 마을 제문근 씨 집 사랑방 등 다른 집에서 잠을 자면서 밤낮 가리지 않고 발굴을 했다. 둔덕 지역의 문화유산에 관심이 많은 김득수 의장도 현장에 자주 나와서 발굴에 많은 격려와 협조를 했다.

나는 40일간 매일 발굴현장에 출장을 나와서 발굴에 도움이 될 수 있게 협조를 하였다.

그때 동아대학에서는 다른 지역에서 발굴 하고 있던 팀을 급히 이 지역으로 오게 하여 발굴을 했다. 천년이 넘도록 농사를 지어온 땅에서 뭣이 나올 것이란 기대는 첫날부터 무너졌다. 이미 유구가 파손 되고 없었기 때문이다. 삼사일은 헛탕을 쳤다.

조사단은 작업의 편리를 위해서 현지 지형을 고려하여 높은 북쪽에서 낮은 남쪽까지 단계별로 제1, 2, 3, 지구로 나누어 조사를 실

기성현지 건물지

시하였다. 그리고 일부 잔존하고 있던 표토를 제거하고 지하에서 확인된 유구를 중심으로 다시 제1지구는 S-F, 제2지구는 G-J 제3지구는 P-O로 구분해서 각각 유구별로 조사를 실시하는 순서를 만들었다. 그 과정에서 확인된 조사지역의 표토 층은 회청색을 띠는 30cm정도 두께의 경작 층이 있고 그 아래 흑갈색을 띠는 부식 토층이 50cm 정도 깔려 있었는데, 유구는 주로 이 흑갈색 부식토 층에서 발견 되었다. 그러나 앞에 기록한 것처럼 대부분의 조사대 상 지역이 조사 전에 이미 경지 정리 작업으로 걷어 낸 상태 였으며, 도면상에 추측 층을 구분해서 나타내는 것이 힘들었다. 물론 유구상태는 뒷 날 중복된 유구배치와 경작지 개간 등 인위적으로 형질 변경이 이루어진 곳이 많아서 원상파악이 어려웠다. 그 특징을 알아 볼 수 있는 지역의 유구와 이곳에서 수집된 유물들은 대부분 신라와 고려시대의 생활용품 들이다.

발굴 육 일쯤 지나서 거림리 신 종락 씨 논바닥에서 집터의 흔적이 나타나기 시작했다. 집터는 보통 집터 보다 다른 점이 있었다. 축대며 툇마루 터 까지도 완연 하다. 그리고 집터 위에 복식으로 지은 흔적이 있었다. 그 집터 중앙 부분에서 고려시대의 토기가 발견되었다. 이 토기는 무덤에 사용한 것으로 보인다.

경남 거제시 둔덕면 거림리 274번지 외 4필지에서 출토된 유물은 대부분 고려시대의 청자靑磁 편린片鱗과 와당瓦當 편린片鱗들이다. 그 내용을 보면 황 녹색을 띤 사발 형 순청자純靑磁의 구연부口緣部에는 연화문蓮花文이 양각되어 있다. 색깔이 약간 황색을 띠는 것이 단점이지만 얇은 기벽器壁과 성형 기술 법은 초기 청자의 특징을 가진 고급스런 것이다. 가로 3.9cm 세로 4.1cm의 소형이다. 그리고 또 다른 것은 비취색을 띠는 사발형 청자靑磁로 구연부 파편口緣部破片이다. 형태에 비해 두꺼운 편이나 표면의 유약이 곱게 발라져 있다. 이 청자도 고려초기의 청자로 보여 진다.

이 지역에서 고려시대 초기의 고급 서러운 청자 편린이 많이 출토 되고 있는 것은 이 지역이 고려시대 막강한 힘을 가진 관청이 있었던 것으로 보인다. 뿐만 아니라 기성현岐城縣이 있었던 지역으로 기성현이 들어 서기 이전에도 많은 토호들이 집단으로 살았던 것으로도 보여 진다. 이 지역에서 발견된 유물은 93점이다. 동아대학 박물관에 보관중이다. 기성현지 발굴현장 주변 전답 가에는 당시의 멧돌과, 돌학碑 기와편 등이 있었다. 그런 유물들이 중요한 자료적 가치가 된다.

발굴현장에서는 당시의 건물 형태와 주춧돌, 토기편, 분청 사기편, 백자편, 다양한 기와조각이 발견되었다. 그중에 문양이 새겨진 기와조각

상사리 기와

이 있었다. 그 문양은 상사리裳四里란 글이 양각되어 있었다. 상사리란 말은 677년 신라 문무왕 때 거제에 상군裳郡이 설치되었을 때 마을지명이었던 것으로 밝혀졌다.

기와조각에 새겨진 글자가 옛 역사를 밝히는데 가장 중요한 자료적 가치를 지니고 있었다. 귀중한 보물을 얻은 것 같았다. 일부 학자들은 기성현岐城縣이 거제도에는 없고 강원도에 있었다는 등 거부 설을 주장해 오다가, 여기서 출토된 상사리裳四里 기와 편을 보고, 거제 둔덕 설을 인정하게 되었다.

그동안 거제관내의 문화유적자료조사와 발굴에서, 가장 보람을 느낀 것이 아주현지鵝州縣址 발굴에서 출토된 영락 옥구슬(瓔珞)과 기성현지에서 출토된 상사리裳四里 기와조각이다. 이 두 가지의 유물이 거제의 상고사를 정리하는데 가장 큰 도움을 주었다.

이 두 지역은 없어지던 문화유적진데, 내가 그때 그 지역을 가게 되어 가까스로 발굴을 하게 되었다. 기성현지를 발굴한 지역을 보존하기 위해 땅에는 두꺼운 비닐을 깔아 유적지가 훼손되는 일이 없도록 조치하고, 경지 정리를 서둘러 하고, 모를 심게 하였다.

내 일생에 가장 기쁨을 주었던 이 두 곳의 유적지 중에서, 아주 현지는 주거지로 변해 버렸고, 기성현지는 아직도 잘 보존되고 있어서 고려시대의 기성현지를 복원 하여 의종 왕의 피난처로 관광자원화 하는 것이 소원이다. 이런 의견을 수차래 내어 놓았으나 무산되었다.

기성현지는 고려 18대 의종 왕이 피신 와서 3년 동안 살다간 유적지다. 그때는 제2의 고려 국이 거림리 기성 현에 있었다.

이런 귀중한 유적지가 농경지사업으로 없어질 번 한 것을 어렵게 구해 냈다. 그때의 고충은 힘이 들고 어려웠지만, 상사리 기와 편이 발견됨으로 힘들었던 일들은 기쁨으로 충만 되었다. 이곳을 지날 때마다 그때 그 순간의 어려웠던 일을 잘 마무리 하고, 좋은 자료를 발굴한 기쁨이 들판의 곡식처럼 수확을 얻은 기쁨이다.

의종 왕이 3년 동안 살다간 둔덕에는 그 당시의 흔적이 남아있다. 농막의 남쪽에는 대비의 태를 묻은 곳과 대비가 죽은 묘지가 있는 안치봉安胎峰이 있으며 하둔리 접경에는 자주방自主防과 여관麗關을 두었다. 여관은 고려 사람이 와서 살았던 관문이란 뜻이다. 그곳 산록에는 방어성지가 있다. 또 산록에는 망루를 두어 감시케 했다. 이곳이 자주 방 터다. 둔덕천 건너 방하리 남쪽에는 고려 시 종무관 및 귀족계급의 사해死骸를 매장한 고려 무덤이 있어 유품의 출토가 종종 있었고, 지금도 그 자리에는 많은 고분의 흔적이 남아 있다.

그 당시 나루터가 있던 곳은 술역水驛이라 하고, 군마를 키우던 곳은 마장馬場, 농사를 짓던 곳은 농막農幕, 과수원을 하던 곳은 시목柿木, 기성관 앞에는 옥터가 있었다고, 옥동玉洞이라 한다. 옥터는 죄를 지은 사람을 가두던 곳이다. 상둔은 나라에서 권농관을 두어 농사를 짓던 농토가 있던 곳인, 둔전屯田이라 하여 윗 둔전, 아래 둔전이라 한다. 견내량은 의종왕이 건넜다고 전하도殿下渡라 부르던 것이 어원이 바뀌어 견하도가 견내량이라 어원이 바뀌었다. 신라 때 축성된 기성岐城을 의종왕이 이 성 아래 피신 와서 살았다고 피왕성避王城 또 왕에서 폐위廢位되었다고 폐왕성이라 부르기도 했다. 공주가 우물을 길렀던 공주 샘, 신선 마고 할매가 의종 왕의 복위를 빌었던 마고 덩걸과 제신암, 의종을 보필했던 빈 정승의 무덤이 있는 빈 정승 묘 등 곳곳에 의종 왕과 관련된 흔적들이 남아 있다.

 의종 왕이 피신 와서 3년 동안 살면서 작은 고려 국을 연상케 하였던 둔덕의 유적지가 정밀하게 발굴 조사되어 국가문화재로 지정하여 그 시대의 역사를 재조명하는 국제적인 관광지가 되어야 한다는 생각으로 이 지역의 문화유적지를 조사 하였다. 지금도 이곳을 지날 때마다 그때 그 순간 없어지던 유적을 발굴한 것이 가장 큰 보람으로 느낀다.

이승철
《수필문학》수필, 《한국시》시, 《한맥문학》소설 등단. 효당문학상 등 수상. 경남수필문학회장, 거제수필문학회장, 거제박물관명예관장, 국가기록물조사위원, 국사편찬사료조사위원 역임. 저서《마음을 바꾸면 세상이 달라진다》외 다수, 논문〈변진독로국고찰〉등 다수

헌신과 치유의 숨결로 피운 꽃
— 거제지역 현대 병원의 역사

거제지역의 현대 병원 역사는 1911년 장승포에 설립된 요시마쓰(植田壽松)의 병원으로 시작된다. 이 병원은 거제지역에서 현대식 의료 서비스의 첫걸음을 내딛은 곳으로, 당시 요시마쓰는 경기도 영주수비대 군의를 겸직하며 총독부 위생방역 부서에서 활동했다. 그는 장승포에서 공의公醫로 활동한 후, 1911년 12월 말에 장승포 입좌촌에서 개인 병원을 개원했다.

1925년 11월 13일 자 《부산일보》 4면에는 요시마쓰가 병원 개원 이전 공의로 활동한 이력을 소개하며, 그가 총독부 위생방역 부서와 경기도 영주수비대 군의를 겸임했던 인물로서 쾌활한 웅변가로도 알려졌다고 보도했다. 요시마쓰 병원은 거제지역에서 처음으로 현대식 의료 서비스를 제공한 것으로 평가된다.

이후 1930년대와 1940년대에 걸쳐 장승포 통제의원(1932년 개

1910년대 이사리촌(장승포)

원, 이윤학 원장), 성포 성포의원(1940년 개원, 신용완 원장), 하청 수광의원(1940년 개원, 김태형 원장), 일운면 자선의원(1940년 개원, 서기석 원장) 등이 문을 열었다.

세브란스 구호병원의 거제 진출

1951년 1·4 후퇴로 인해 피난길에 오른 세브란스병원이 거제도로 이전하면서, 거제지역 현대 의료사의 새로운 장이 열렸다.

당시 세브란스병원 책임자였던 조광현 박사는 부산으로 피난을 갔으나, 병원을 제주도로 이전하려는 계획에 진도선 거제중고등

세브란스 거제분원 외래진료소

학교장의 제안이 결정적인 역할을 했다.

진도선 씨는 "제주도보다는 피난민들이 많이 모여 있는 거제도가 병원 운영에 더 적합하다"며 거제를 추천했고, 이에 따라 세브란스병원은 거제도로 이전하기로 결정됐다.

1951년 1월 7일, 세브란스병원은 조광현 박사와 의료진, 50병상 규모의 의료 장비와 함께 거제도 장승포에 도착했다.

임시 진료소는 진도선 씨가 운영하던 거제중고등학교(현 장승포시청 건물) 내 교실 두 칸을 수리해 설치됐다. 초기에는 피난민과 지역 주민들을 위한 기본적인 의료 서비스가 제공됐으며, 병상이 갖춰지면서 본격적인 진료가 시작됐다.

세브란스 구호병원은 전쟁 속에서도 현대적인 의료 서비스를 제공하며, 당시로서는 드물었던 X-ray 장비 등 최신 의료 기기를 도입했다. 병원은 내과, 소아과, 산부인과, 안과 등 여러 과목을 운영하며, 난민과 전쟁 부상자들에게도 치료를 제공했다.

의료진에는 조광현 박사(내과), 이병희 교수(소아과), 최금덕 교수(산부인과), 최창수 박사(안과), 이성영 박사(마취과) 등 당시 국내에서 손꼽히는 전문가들이 포함되어 있었다.

세브란스 구호병원은 피난민과 지역 주민들에게 중요한 의료 서비스를 제공했을 뿐만 아니라, 난민 구호 기구인 C.A.C의 지원으로 의료 장비와 의약품을 안정적으로 공급받았다.

이는 전쟁 중에도 지역사회에 질 높은 의료를 제공할 수 있는 중요한 기반이 됐다. 세브란스 구호병원의 존재는 지역 사회에 큰 영향을 미쳤으며, 거제지역 의료사에서 중요한 이정표로 남아 있다.

전쟁이 끝난 후 세브란스병원은 서울로 복귀하려 했으나, 조광현 박사의 요청으로 거제도에 병원을 남기기로 결정했다. 이에 따라 세브란스 거제분원이 설립됐으며, 당시 일본인 수산재벌 가네마루겐히찌 씨의 목조 함석 건물을 매입해 장승포동 218-2번지 구촌마을로 병원을 옮겼다. 세브란스 거제분원은 이후 지역 의료의 중추적 역할을 담당했으나, 운영상의 어려움으로 1975년 폐원됐다.

실전병원과 손요한 박사의 헌신

세브란스 병원이 철수한 후, 1960년대 후반 거제지역 의료 공백을 채운 인물은 손요한(존 시블리) 박사였다. 1926년 미국 뉴저지에서 태어난 손 박사는 1952년 웨스턴 의과대학을 졸업한 후, 한국어를 배우고 한국 의사 면허를 취득했다. 그는 대구 동산병원과 나환자병원(애락원)에서 무의촌 진료와 나환자 치료에 헌신했다.

1969년 손요한 박사는 거제군 하청면 실전리에 '거제지역사회개발건강원(일명 실전병원)을 개원하고 8년간 의료 활동을 펼쳤다. 그는 특히 당시 경제적으로 어려운 서민들이 의료비 부담 없이 진료를 받을 수 있도록 헌신적인 인술을 펼쳤다. 그의 이러한 헌신 덕분에 실전병원은 지역 주민들에게 없어서는 안 될 의료기관으로 자리 잡았다.

박사가 거제를 떠난 후인 1977년 하청과 장목 면민들은 그의 은혜를 기리기 위해 실전리 칠전대교 입구 공원에 손요한 박사 기념비를 세웠고 지난 2013년에는 박사의 타개 1주년 행사를 실전병원 터에서 성대히 진행했다.

1970년대 이후 거제의 대표 병원

1970년대 후반, 거제지역의 의료 서비스는 거제기독병원의 설립을 통해 더욱 체계적으로 발전하게 된다. 1973년 거제지역 사회 보건사업 계획이 수립됐고, 1974년에는 사단법인 거제지역 보건협회가 설립되어 병원 설립이 본격화됐다. 1975년 3월, 고현 중앙초진소의 기공식이 열렸고, 1976년 3월에는 40병상 규모의 진료소가 준공되어 거제보건원으로 개칭됐다.

이후 거제보건원은 지역 내 유일한 종합병원으로 성장했으며,

1970년대 거제보건원 조감도(거붕백병원)

둔덕, 저구, 지세포, 하청, 장승포 등지에 초진소를 개설해 지역 의료망을 확충했다. 1979년에는 120병상 규모의 종합병원이 완공되어, 진료과목 15과를 신설해 지역 의료의 중심 역할을 했다.

　1990년대 말, 거제지역 인구가 급증하면서 대우조선해양과 삼성중공업이 진출했고, 이에 따라 의료 수요도 폭증했다. 1983년 대우병원이 설립되면서 거제지역에 다시 한 번 현대식 종합병원이 자리잡았다. 대우병원은 종합적인 의료 서비스를 제공하며, 특히 산업재해 환자 치료에 중점을 두었다. 대우병원은 현재까지도 지역 주민들에게 중요한 의료 서비스를 제공하며, 거제지역 의료의 중요한 축을 담당하고 있다.

　1983년 거제기독병원은 의료법인으로 등록하고 1998년에는 의료법인 기독교의료복지재단 거제기독병원으로 변경 후 2006년 의

대우병원 기공식

료법인 거붕의료재단. 거제백병원으로 법인 및 병원명칭 변경했다. 거붕백병원은 실전병원의 정신을 이은 거제기독병원의 터에 자리 잡고 있지만, 법적·역사적으로 그 병원들의 역사를 온전히 계승한 것은 아닌 것으로 보인다. 거붕백병원은 별도의 경영 주체로 운영되고 있으며, 지역에서 중요한 의료기관으로 기능하고 있다.

거제의 병원 역사는 단순한 의료 서비스의 기록을 넘어, 시대와 맞물려 온전한 치유와 헌신의 발자취를 담고 있다. 일제강점기의 거친 파도 속에서도 뿌리내린 병원이 있었고, 전쟁으로 떠돌던 피난민을 품은 세브란스 구호병원이 있었다.

이후 의료의 공백을 채우려 거제를 찾은 이방인의 헌신, 고난 속에 피어난 지역 병원들의 노력이 거제를 더욱 따뜻하게 감싸 안았다.

그 시절, 이름 모를 병원 침대에서 숨을 고르던 사람들과 그들을 살피던 의사들이 남긴 흔적을 더듬어보며 거제 지역에 더 많은, 그리고 더 큰 규모의 의료기관이 만들어졌으면 하는 바람이다.

최대윤
둔덕면 출생. 국립구미전자공업고등학교·경남대 국어국문학과 졸업. 경상대학교 사학과 대학원 석사. 고운 최치원문학상 신인상(시). 저서 《성곽박물관 거제》《교과서에 없는 거제역사 이바구》《mz세대를 위한 인생샷 촬영 가이드북 거제 핫플 요어떼?》 현《거제신문》 취재부장

근세에 거제를 빛낸 인물
— 예술과 문학과 난을 중심으로

《택리지擇里志》란 책이 있습니다. 지금부터 300여 년 전인 조선조 영조 초기에 실학자 이중환李重煥이 저술한 지리서地理書입니다. 책에 풍광이 아름다운 곳에서는 인물人物이 많이 난다고 했습니다. 그래서일까요. 풍광이 빼어난 우리 거제에서는 걸출한 인물들이 많이 배출되었습니다.

사곡 삼거리 버스 정류장 뒷편에 화비畫碑가 하나 서 있습니다. 2002년 대한민국을 빛낸 50인에 선정된 화가를 기리기 위하여 국비로 세워진 화비입니다. 이 화비의 주인공은 우리 거제 출신 여산黎山 양달석梁達錫(1908~1984) 화백입니다.

여산의 작품은 자신의 외롭고 불우하였던 소년 시절을 동심적으로 표현하려고 한 듯이 시골의 자연환경과 농촌 생활의 서정을 동화처럼 정겹고 평화롭게 전개시키는 독특한 세계로 일관하였습니다. 화면에서는 소년, 소녀, 아낙네와 풀밭, 소 등이 등장하여 표현 기법이 매우 동심적이어서 '동심의 화가'로 불렀습니다.

1962년 제1회 경남문화상 수상자인 여산 화백은 1974년부터 화단 최고의 권위를 자랑하는 국전 추천 작가, 초대 작가로 출품하였습니다.

그는 이중섭, 박수근, 김환기 등과 함께 1세대 서양화가로 오직 그림만 그리다 삶을 마감한 '천재 화가'였습니다. 여산의 작품은 2,600여 점에 이르고 있습니다.

근간에 선생의 향리인 사등면 사곡리에, 양달석미술관이 조촐하게 임시 개관되었습니다. 앞으로 번창과 발전을 기대해마지 않습니다.

여산의 화비와 나란히 묵적비墨積碑가 하나 서 있습니다. 추사체의 맥을 이은 전통서예가로 특히 추사체의 행서行書에서 일가를 이루어 추사체 특유의 강직함을 잘 살려 괴귀가 감돈다는 평을 받고 있는 성파星坡 하동주河東州(1869~1944) 명필의 묵적비입니다.

성파는 서예사에 있어서 우리나라만의 독특한 서법인 추사체의 맥을 잇게한 서예가로 후세에 추사체 행서의 모범을 보인 것으로 높이 평가받고 있습니다.

5척 단구에 음성이 쩌렁쩌렁하고 괴팍한 성질에 고집스러운 인물인 성파는 통도사, 고성 옥천사 〈백련암〉, 범어사 〈종루〉, 통영 용화사 〈용화전〉, 밀양 〈영남루〉와 〈아랑사〉의 현판을 모두 휘호하였습니다.

혹자는 이렇게 말하기도 합니다.

"아깝다. 추사가 성파 먼저 태어났다니. 만약 성파가 추사 먼저 태어났으면 추사체가 아닌 성파체가 되었으련만."

성파는 이곳 거제면 동상리에서 태어났습니다.

산방산山芳山은 우리 거제의 명산으로 문필봉文筆峯으로 불리고 있습니다. 산방산은 거제면과 둔덕면의 경계지점에 위치하고 있습니다.

거제면은 문필봉의 '필筆'에 해당하고 둔덕면은 '문文'에 해당한답니다. 이를 뒷받침하는 것으로 거제면에서는 성파 하동주 선생을 비롯한 뛰어난 서예가들이 태어났고, 둔덕면에서는 극작가 동랑 유치진, 시인 청마 유치환 등 불세출의 문인을 배출하였습니다.

특히 거제만의 바닷물을 두고 먹물이라고 말하기도 합니다.

한국의 셰익스피어란 별칭을 갖고 있는 동랑東朗 유치진柳致眞(1905. 11. 19.~1974. 2. 10) 선생은 둔덕면 방하리에서 태어났습니다.

우리 민족은 본시 가무문화歌舞文化를 유독 사랑해온 전통을 가지고 있습니다. 그럼에도 불구하고 그 창조자들이라고 할 예능인인 광대, 악공, 기녀 등 예능인을 천민시해 왔습니다

유치진 평전을 쓴 유민영 교수는 동랑을 가리켜 '전무후무 할 정도의 독보적 인물'이라고 평가했습니다. 그 이유인즉 '예술가가 평생 한 분야에서 성취해 내기도 힘든데 그는 문화계몽운동가로 시작하여 극작·시나리오작가, 연출가, 연극·영화이론가, 극장건축가 그리고 예술교육자로서 누구도 따를 수 없을 만큼 방대한 업적을 남겼다고 보기 때문이라 했습니다. 그래서 동랑을 두고 한국 연

극의 아버지라 칭하고 있습니다.

  한 나라의 국민 수준과 문화에 대한 평가는 그 나라의 국립극장과 화훼 전시장에 가보면 안다고 하지 않는가요.

  동랑이 설립한 '드라마 센터', 이 하나만 가지고도 동랑의 친일문제는 사면되고 남음이 있다고 저는 여깁니다.

  청마靑馬 유치환柳致環(1908. 7. 14.(음)~1967. 2. 13) 선생은 동랑 유치진 선생의 동생분입니다. 청마 선생은 詩보다 인간을 더 소중히 여겼고, 항상 가진 자보다 가지지 못한지를 더 사랑했습니다. 시집이 출간될 때마다 부끄러워하였고 바닷가 한구석에서 고기 잡는 이의 삶을 부러워 한 겸손한 시인이었습니다

  청마는 대일 저항기의 비극적 역사 속에서 출발해, 8·15광복, 6·25 전쟁, 자유당 정권, 4·19에 이르기까지 불굴의 의지로 조국과 겨레를 위한 뜨거운 노래와 저항 정신으로 민족혼을 안고, 때로는 좌절과 탄식의 몸부림으로부터 자신과 겨레를 위한 무서운 채찍과 자학으로, 한편으로는 생계의 위협을 무릅쓰고 사회의 부조리와 불의에 항거하고, 전란의 극한적 상황에 스스로 종군을 지원해 전쟁의 비극을 노래한 애국시인이었습니다.

  거제시에서는 1997년 4월 한식일을 기하여 양산 백운공원묘원에 안장된 청마의 묘소를 부모님이 잠들어 있는 둔덕의 지전당골로 이장하였고, 청마기념관을 건립, 청마의 문학정신을 기리고 있습니다.

  미당未堂을 명장이라 한다면 청마를 거장이라 말하는 이도 있습니다. 이는 청마의 웅혼한 시풍을 기려 하는 말이라 하겠습니다.

경향 각지에 청마의 시비가 건립되었습니다. 어찌 자랑스럽지 않겠습니까.

청마기념사업회는 해마다 9월에 둔덕골에서 청마문학제를 열어 거제를 대표하는 축제가 되게 하였습니다.

저 유명한 도연명의 귀거래사歸去來辭는 그의 대표적 작품입니다.

田園將蕪胡不歸(전원장무호불귀, 고향 전원이 황폐해지려 하는데 어찌 돌아가지 않겠는가)

이 시구에서 무원無園을 취하여 자신의 아호로 삼은 이가 있습니다. 바로 무원無園 김기호金琪鎬(1912. 9. 10~1978. 12. 4) 선생입니다.

무원 선생은 1951년과 1953년에 하청중고등학교를 창설하셨습니다. 뒷날 하청고등학교는 경남산업고등학교로 교명이 바뀌었습니다. 무원 선생은 하청면 사환마을 출신이며 무원無園은 황무지를 뜻합니다. 일제강점기, 6·25전쟁, 보릿고개를 거친 거제의 실상은 그야말로 황무지나 진배 없었습니다.

당시 거제의 교육 환경은 설명이 필요 없을 정도로 열악했습니다. 장승포와 옥포, 일운면의 학생들은 부산 유학의 길을 텄고, 고현은 마산으로, 둔덕과 사등은 통영으로 유학했습니다. 그 유학은 있는집 자식들의 일이었습니다. 무원 선생이 창설한 중고등학교는 연초, 하청, 장목 지역의 학생들에게는 유일한 면학의 길이었습니다. 한때 거제군 시절 거제군청 과장급 이상 공무원의 60%가 하청 중고등학교 출신이었다면 다한 말입니다.

무원 선생은 그 사립학교를 국가에 무상으로 헌납했습니다. 그는 1965년 페스탈로찌 상이라 일컫는 제1회 경향교육상을 수상했습니다. 1957년《동아일보》신춘문예에 시조〈靑山曲〉이 당선되었습니다. 시조시인으로 성가를 높인 무원 선생의 대표작은 '풍란'입니다.

무원 선생은《풍란》이라 제한 단 한 권의 시조집을 남겼습니다 어디선가 거제의 노래가 들리는 듯합니다.

  섬은 섬을 돌아 연연 칠백리
  구비구비 스며 배인 충무공 그 자취
  반역의 무리에서 지켜온 강토
  에야 디야 우리 거제 영광의 고장.

'거제의 노래'도 무원 선생이 작사했습니다.
 오늘날 선생은 있어도 스승은 없다는 말을 합니다만, 이 말도 무원 선생 앞에서는 빈말이 됩니다.

사곡 삼거리에서 고현 시외버스 터미날에 이르는 대로변에 언덕 '파坡'자를 아호로 쓰는 두분의 기념비가 서 있습니다. 한분은 앞에서 언급한 성파星坡 하동주河東州 선생의 묵적비이고 또 한분은 향파香坡 김기용金琪瑢(1915. 4. 20.~1988. 11. 16) 선생의 애란비愛蘭碑입니다. 이 두 기념비를 많은 거제시민들이 잘 모르지 싶습니다.

향파 선생은 무원 선생의 실제實弟입니다.

향파 선생은 난인蘭人이셨습니다. 현재 150만 명을 헤아리는 애란인들 중 사표師表로 모시는 이는 향파 선생이 유일합니다.

'애란은 애국에 통한다'고 하신 향파 선생께선 1981년 난 재배 이론서인 《동양란 재배와 감상》을 저술했습니다. 우리나라는 약 5백 년 전에 강희안이 난 재배 이론이 간략히 언급된 《양화소록》을 남겼을 뿐으로 난에 관한 이렇다할 자료가 없음을 안타깝게 여기어 저술한 것입니다.

서울농대 화훼과 교수가 저술해야 할 난재배이론서를 김해농업고등학교 출신 거제 농부가 펴냈으니, 그 책이 한국 난계에 어떤 영향을 미쳤는지는 중판을 거듭한 것으로 입증되고 있습니다.

제주한란에 관하여 독보적이셨던 향파선생, 제주한란을 천년기념물이 되도록 하신 분은 제주사람이 아닌 거제사람 향파 김기용 선생입니다. 당시 향파 선생은 78차례나 한라산을 올랐다고 합니다. 오로지 제주 한란을 개발하기 위함이었습니다.

난 사랑을 혼자만의 사랑으로 간직하지 않고 난 인구의 저변 확대를 위해 난회蘭會를 조직하고 강연회를 열고 난 배양 기술을 전수하는 등 심혈을 기울였습니다.

난을 위해 태어나셨다는 평가를 받는 향파 선생은 옷 차림이 너무 검소하여 누가 보아도 영락없는 시골 농부로 보였습니다.

춘란과 제주한란의 여러 품종들을 명명하셨고, 한국 난계에 큰 족적을 남긴 향파 선생이셨기에 전국의 애란 단체와 애란인들의 성금으로 〈향파 김기용 애란비〉가 건립되었습니다.

여산 양달석, 성파 하동주, 동랑 유치진, 청마 유치환, 무원 김기호, 향파 김기용 이상 여섯분의 면면을 살펴보아도 이중환 선생의 〈택리지〉 지론이 공감받고 있음을 알수 있습니다.

공자위동가구孔子爲東家丘란 말이 있습니다. 이는 자녀교육을 위한 불멸의 고전이라 알려진 북제 때 안지추顏之推가 지은 안씨가훈顏氏家訓에 나오는 말입니다.

"세상 사람의 흔한 병폐는 귀로 들은 것은 귀히 여기고 눈으로 직접 본 것은 천히 여기며, 멀리 있는 것은 중히 여기고 가까이 있는 것은 가벼이 여긴다"는 점이다. 노魯나라 사람들은 공자를 옆집에 사는 늙은이로 여긴다고 했습니다.

위에서 살펴본 여섯 분은 거제뿐만 아니라 우리 대한민국을 빛낸 분들입니다.

행여 '공자뒤동가구'가 아닌가 하여 짧은 소견으로 고찰하여 보았습니다.

이성보
현대시조문학상 수상(2005년), 현대시조문학관 관장, 거제문인협회 회장, 동랑 청마기념사업회 회장 역임, 시조집《바람 한 자락 꺾어 들고》외 다수, 계간《현대시조》발행인

거제수산별신굿

바람이 차다. 따뜻하게 옷을 챙겨입고 별신굿 행사를 위해 수산마을로 향했다. 바닷바람은 매섭지만, 아침햇살에 빛나는 윤슬은 그 어느 때보다 눈부시다. 마음만은 경건해진다.

해마다 설이 다가오면 거제도 수산마을은 바쁘다. 객지에 나간 가족과 친지들 맞이와 더불어 일 년 중 이 마을의 가장 큰 행사인 '별신굿'을 준비하기 때문이다. 별신굿은 풍어제와 함께 마을의 안녕과 풍어를 기원하는 동시에 마을의 단합을 도모하는 것을 목적으로 했다. 별신굿은 신을 위한 거대한 축제이다.

별신굿의 시작은 섣달그믐 밤 12시부터 정월 초하룻날 새벽 2시까지 무녀가 당산에 올라 지성을 드리며 당산제(산신제)를 지내는 것으로 굿이 시작됨을 알린다. 섣달그믐에 지내는 당산제는 사제무司祭巫가 하는 일을 일반인은 가서 볼 수도 없을 뿐더러 마을 사람들도 알지 못한다. 그리고 정월 초하룻날부터 초이튿날 아침까지 별신제가 거행되었으며, 굿의 기간은 일주일이었다고 한다. 용왕제를 지낼 때는 어르신들이 각자 자기의 집에서 정성을 다해 용왕상을 준비했다. 그리고 용왕제를 지내기 전에 집집마다 상을 차려 이고 나왔다고 한다. 바다에 상을 이고 갈 때는, 음식물이 쏟아지지 않도록 다리가 위를 향하게 상을 뒤집어 놓고 음식을 올린다. 예전에는 가구 수도 많아 여인들이 상을 이고 나오면, 상이 40~50개가 되었기에 일렬로 서서 내려가는 광경이 장관이었다고 했다. 뱃사람의 아내로 갯가를 끼고 살아온 사람들은 운명처럼 바다도 바람도 신으로 받아들였다.

현대에 와서 수산마을 별신굿은 섣달그믐 자정부터 정월 초하룻날 새벽까지 당산제는 전통방식으로 지낸다. 그러나 본굿은 설날이 지나 돌아오는 첫 번째 토요일에서 일요일까지 이틀 동안 거행한다. 그리고 각자 집에서 상을 차리지 않고 마을회관에서 정성을 다해 함께 제물을 준비한다. 나물은 칼질하지 않는다.

본굿의 시작은 당산제이다. 당산제를 지낼 때 이장은 제의 공간을 이동할 때마다 지동궤를 가지고 다닌다. 지동궤에 들어있는 문서는 돈전, 제적부, 호적부, 마을 회의록 등이 있다.

당산 할아버지는 수백 년 마을을 굽어보며 두루 살펴 온 굵은 소나무이다. 굿의 대모는 신의 전달자로 징을 울려 마을의 수호신을 받든다. 신을 부르고 어르는 소리와 몸짓, 무(巫의) 중심에 선 대모와 아들 이름의 연주자들이 신성한 제의를 이끈다. 당산에서는 농사 잘 짓고, 마을이 편하고 사람들이 건강하게 해 달라고 빌었다.

당산앞에 엎드린 제관들에게 대모는 마른 명태로 등을 치며 잡귀를 쫓고 마을의 태평과 개인의 복을 빌고 또 빌었다.

대모와 산이들은 선왕대를 앞세워 당산을 내려와 마을 구석구석 골맥이 신을 위한 길을 연다. 첫 번째로 벅수(장승)에게 마을의 안녕을 기원하는 벅수굿를 하고 마을의 우물로 가 우물굿을 한다. 그리고 용왕굿을 하기 위해 바다의 축강으로 간다. 바다축강으로 내려갈 때 여자들은 각자의 상을 이고 무배들의 뒤를 따른다.

용왕굿이 시작되면 대모는 용왕상을 중심으로 일일이 상마다 축원을 해 주고, 용왕께 풍어와 만선을 빌었다. 바다는 늘 두려움의 대상이었기에 바다에서 먹고 살아 온 사람들은 대모에게 상을 쓰고(돈을 내고) 덕담을 받았다. 집에 성주가 있듯 배에는 선왕이 있다. 선왕굿을 할 때는 선주들이나 배를 타는 사람들이 상을 쓰고 정성을 다한다.

용왕굿이 끝나면 저녁 식사를 한 후, 마을회관에서 밤새도록 본굿·부정굿·가망굿·제석굿·서낭굿이 이어진다. 굿이 끝나고 헤어질 때는 무당과 그 일행은 수산마을 사람들에게 모른 척한다고 한다. '잘 있거라', '잘 가거라'하는 인사를 하지 않는 것이다.

수산마을 사람들에게 별신굿은 치유와 나눔의 잔치이다. 마을 사람들은 별신굿으로 위안을 삼고 또 한 해 살아갈 힘을 받는다.

예전에는 바닷가 마을마다 별신굿을 지냈다고 한다. 그러나 지금은 험한 뱃일을 하는 사람도 많이 줄었고, 마을의 가구 수도 예전만 못하다. 경치 좋은 바닷가에는 펜션이 많아졌다. 현재는 거제도에서 수산마을과 죽림마을에서 별신굿을 볼 수 있다. 죽림포의 경우 어느 순간 끊기었다가 다시 시작했다. 오랫동안 끊기지 않고 지속시켜온 별신굿은 수산마을이 유일하다. 그것은 거제시와 거제문화원에서 수산마을 사람들과 협력하여 우리 민족 고유의 전통을 보존하기 위해 노력하고 있기 때문이다.

수산마을 별신굿에서 나는 마을의 안녕과 나의 안녕을 빌고 또 빌었다.

김명옥
한국방송통신대학교 중문과 졸업.《문장21》수필 등단. 거제문인협회 이사, 거제스토리텔링협회·거제문화원 사무국장

거제도 20포 마을 해안길을 따라서

한국의 두 번째 큰 섬 거제도는 역사적인 흔적이 곳곳에 스며들어 살아 숨 쉬고 있는 아름다운 곳이다.

독로국이라 불리던 거제도는 한때 통영군에 속했지만 임진왜란의 세계 해전사상 최고의 해전으로 꼽히는 이순신 장군의 옥포만 대첩에서 노량진 해전에 이르기까지 그 역사적인 산물인지는 몰라도 한국전쟁의 비극인 6·25 동란으로 인해 거제도에 포로수용소가 만들어지면서 포로와 피난민을 포함하여 인구가 30여만 명으로 불어나 북새통을 이루었다.

50여 년이 지난 2000년도에 대우조선해양과 삼성중공업으로 인해 인구가 다시 27여만 명으로 늘어난 곳이 거제도이다. 1970년 말부터 시작된 옥포만에 세계 최고의 대우조선소가 들어서고, 장평 바닷가에 삼성조선소가 들어서면서 지금의 양대조선소는 세계 조

거제도 포로수용소 유적공원

선업을 좌지우지하는 명실상부한 조선산업 메카로 자리 잡았다.

돌이켜 보면 옥포대첩이 발생한 1592년 약 430여 년이 지난 오늘날 옥포만의 함성이 전 세계 조선업의 메카로 명성을 날리고 있으며, 430여 년 전 만들어졌던 조선 시대의 철갑선이 최첨단 잠수함으로 오대양 육대주로 누비며 전 세계를 호령하는 오늘에 이르고 있으니, 하늘나라에서 바라보고 계시는 이순신 장군께서 얼마나 흐뭇해하며 자랑스러워 참으로 아이러니하다.

거제도는 클 거, 구제 제, 섬 도라는 거제도 지명이 임진왜란의 옥포대첩 때 왜적을 물리쳤고, 한국전쟁 때 포로와 피난민을 구제하여 먹여 살렸고, 국난 극복의 현장인 거제도가 세계 조선업을 선도하는 조선산업의 메카로 자리 잡은 곳이 바로 거제도다.

그러나 이러한 국난 극복의 역사적인 현장으로만 머물러서는 안 되기에 이제거제 미래 백년을 준비하고 만들어 가야 한다, 이러한 작금의 현실을 직시하고 미래 백년에 대한 비전과 꿈을 꾸며, 이루어 갈 수 있도록 현존하는 세대들이 그 초석을 다 져야 할 것이다.

거제도의 연연 칠백리 해안길을 따라 돌아보면 포자 마을이 무려 20개의 포자 마을이 있다. 20개의 포자 마을은 외포, 덕포, 파랑포, 옥포, 장승포, 능포, 지세포, 도장포, 다포, 홍포, 근포, 대포, 탑포, 율포, 성포, 금포, 군령포, 석포, 송진포, 황포 마을이다.

20포 마을의 지형적인 형상과 마을 이름 유래는 다른 기회에 논하기로 하고 연연 칠백리길 20포 마을을 이어가는 둘레길을 따라 20포 20색 마을이라 불러도 좋을 듯하다. 마을마다 각기 특색있는 관광지로 만들어 보자는 것이다. 엄청난 재정을 투입해서 만들자는 것도 아니며, 천혜의 자연경관 그대로 살려서, 20포 마을 스토리 텔링을 통해 마을의 전통적 풍습과 지형적 특색을 살린 마을의 이야기, 볼거리, 먹거리와 쉼터만 잘 조성하여도 18포 18색 마을이 관광지가 될 것이다.

거제도의 해안변 도로 구간별로 힐링, 웰빙 소규모 공간을 조성하고, 동백꽃과 100리 벚꽃길을 따라 일정 구간 맨발로 걷는 길, 마라톤 길, 자전거 길, 연인의 길, 드라이브 길 등으로 이어지는 연연 칠백리의 이야기 길, 볼거리, 먹거리, 쉼터로 만들어졌으면 하는 바램이다.

칠백리 해안길을 따라서 이어지는 스토리텔링이 어우러지는 거제도 만의 특수한 지형적 특색과 아름다운 자연경관을 잘 보존하여 보고 싶고, 오고 싶은 20포의 아름다운 마을 길을 연차적으로 만들어 20년, 30여 년의 세월이 걸려서 만들어 간다면 관광 명소가 될 것이다.

내 나이 50대 전후 시절 두 자녀에게 물려줄 재산은 없어도 넓은 세상을 보여 주려고 아내와 두 자녀와 같이 10여 년 동안 세계 여행을 매년 3~4차례 다니면서 물 한 병, 빵 한 조각을 손에 들고 유럽과 아시아 국가 전역을 돌아보았다. 아마도 가족끼리 해외 자유여행을 10여 년간 다닌 가족이 그리 흔치는 않을 것이다.

수많은 국가의 관광지역을 보고 느낀 점은 천혜의 자연경관은 거제도가 세계 최고라고 할 수 있다.

거제도의 북동쪽 장목면 농소마을 끝자락에 위치한 한화 리조트의 종합 휴양 시설을 돌아서 뒷산 언덕마루의 조망대에서 바라보는 부산, 진해 신항만과 거가대교, 대통령 해상별장인 저도, 이수도, 태종대를 한눈에 바라보는 일출의 오묘함과 해 질 무렵 거가대교에 펼쳐지는 불야성, 부산 신항만 크레인과 각종 선박이 내뿜는 야경은 장관이다.

눈부신 아침 햇살을 등지고 대구잡이 마을인 외포 둘레길을 돌아서 파랑포, 이순신 장군 승전 기념공원을 둘러보고 옥포 중앙공원에 올라서면 한화조선 야드의 웅장한 전경과 각종 첨단 선박들이 줄지어 서 있고, 대마도를 바라보며 일출의 모습을 뒤로하고, 옥포만의 임진왜란 승전고 자작시 한 수를 읊어 보련다.

옥포대첩

바다 뒤에 울려퍼진

함승.

옥포의 물결속에 깃든

용기

그날의 전설이 칼끝에

서서

불타는 바다를 가르며

나아가네

왜적의 함선이 불길에

휩싸여

뒤엉키는 파도속에서

침몰할 때

조선의 영혼은 깨어나

옥포의 하늘을 붉게

물들이네

이순신의 결단아래

모두가 하나되어,

바다는 불길속에

새 생명을 찾고

조국의 이름이 높이

울려 퍼졌네

옥포대첩, 그날의

승리가

공곶이 수선화 정원

역사에 새겨진 자국이
되어
우리의 가슴속에 영원히 남아
희망과 용기를
일깨우리라.

능포 양지암 등대와 장미공원을 돌아보고, 장승포항 해안을 따라서 바라보는 일출 광경도 빼놓을 수 없다. 바다 건너편 지심도의 우거진 천연 동백숲은 거제도의 살아있는 숨은 보물이다.

지세포항을 바라보며 소동마을의 종합 휴양지인 소노캄 거제(구 대명리조트), 옥화, 옥림 마을로 이어지는 해상 둘레길을 돌아서, 와현 공곶이에 수선화 정원에 선사 시대의 돌무덤 흔적들을 살펴

학동 흑진주 몽돌밭

보고, 눈 앞에 펼쳐진 내도와 외도 섬을 감상하고 와현 해수욕장 금빛 모래밭에 두 발을 묻고서, 찜질로 피로를 풀고 나서 갈 길을 재촉한다.

아름다운 망치 마을의 커피숍에서 차 한 잔의 여유로 한숨 돌리고 양화마을 지나 학동 흑진주 몽돌밭에서 자연의 가장 아름다운 몽돌밭 파도 소리는 천상의 메아리가 따로 없다.

멸종 직전인 팔색조의 서식지인 학동 동백숲 길을 보고 지나 해금강 마을 입구에 위치한 바람의 언덕에서 인생샷도 한번 찍고, 바다의 금강산인 해금강 마을 앞에서 바라보는 명승 2호 해금강을 감상하고, 우제봉 전망대에서 천하절경 해금강을 바라보면 좌청룡 우백호가 바로 이곳이 아닌가 싶다.

해금강 암벽에 외로이 피어난 풍란꽃에 자작시(시조) 한 수를 읊어 보련다.

해금강 풍란

새하얀 물보라는
절벽을 차오르고
튼실한 풍란뿌리
해금강을 움켜쥐고
해질녘
내뿜는 단내
갈고지가
들썩인다.

세계 최고의 관광 명소 그리스 산토리니의 일몰은 잠시 볼 수 있는 에메랄드 빛 바다에 스며드는 황적색 노을이다. 그러나 동부면 함박구미를 돌아서 성포와 석포 마을에서 바라보는 노을은 더 볼거리가 많고 아름답다.

낙조가 물들어가는 가조도와 통영만을 가로지르는 섬들이 서산마루 바다 앞에 어우러져 있고, 그 바다에는 바둑판 알처럼 형형색색의 양식장 부표들 사이로 진홍빛 낙조가 물들여지는 광경은 가히 천하 진풍경이라 아니할 수가 없다.

성포와 가조도를 잇는 가조도 다리에서 보는 일몰 또한 전국 사

진작가들의 명소 중 한 곳이다. 가조도를 빙 한 바퀴 돌아보면 마산, 진해만이 펼쳐지고, 고성군 동해면의 해안가에는 꼬막, 미더덕 양식장 부표들이 옹기종기 줄지어 바다를 덮고 있다. 해가 떨어지기 전 견내량, 광리마을 아낙네들의 굴까는 현란한 칼끝의 손놀림을 보노라면 넋을 잃는다.

사등성을 지나 진들로 불리던 비행 장터에 삼성중공업의 우람한 모습과 계룡산 자락을 따라서 고현항 매립지 신시가로 돌아서 까마귀가 나는 모습의 동네 연초면 오비마을 6만 평 규모의 오비일반 산업단지를 돌아서 한내 조선단지인 모감주 숲을 바라보며 석포 만과 송진포마을 아낙네들이 길거리에서 맛있는 송진포 양파를 팔고 있다.

장목면 황포마을에 국내 최고의 해상 전망을 감상하면서 즐기는 유명 골프장이 있다. 등잔 밑이 어둡다고 하듯이 공기의 고마움을 못 느끼듯이 늘 가까이에서 지켜보면서도 이 아름다움을 못 느끼는 거제도 섬 거주자들이기에 스위스 융프라우 3800고지의 설원, 중국의 황산, 그리스 산토리니, 이태리 나포리, 아말리아 해변도 천혜의 자연경관 하나만큼은 거제도와 견줄 수가 없음을 알리고 싶다.

누군가가 이 글을 보고 연연 칠백리길 20포 20색의 거제도를 가덕 신공항과 KTX 개통 시 2시간 권역의 시간 내에 도착하여 쉬어 갈 수 있는 편리한 교통 인프라를 이용해서 한국의 산토리니 특구로 만들어 항구적이고 종합적인 관광단지로 만들 사업가가 나타나서 거제 백년의 미래 먹거리, 볼거리, 쉴거리 도시로 만들어 주실 분은 없겠는가 하고 손꼽아 기다려 본다.

우리의 후손들에게 평생의 보물 같은 선물로 안겨질 수 있기를 간절히 기도하며 거제도 20포 20색의 아름다운 연연 칠백리길 거제도가 될 것을 꿈꾸며 이 하루도 거제도를 사랑하는 일심으로 쉬어가련다.

옥영기
경남공업고등학교 졸업
대우조선해양 과장, GMP대표, 거제시 자연보호협의회 회장 역임
현 재단법인 의령옥씨 장학회 감사
경상남도 지사, 거제시장 표창 1회

바다 수영할 줄 아세요

얼마 전 모임자리에서 들은 '바다수영'이라는 말이 나에게는 참 생뚱맞게 들렸다. 냇가나 또는 저수지에서 수영을 해봤고, 드물게 선착장에서 달 밝은 밤에 손끝에 시거리(야광충) 이는 것을 신기해하며 수영을 해보긴 하였지만, 그래도 바다수영이란 말 자체는 왠지 낯설기만 했다. '섬앤섬길'이라는 모임에 가입하고서야 비로소 그 수영의 용도를 알 수가 있었다. 내가 가입하기 전에 그들은 바다수영으로 거제섬을 한 바퀴 투어 했다는 것도 그때 처음 알았다.

어느 날 회원인 일운면 양화마을 채봉식 이장이 저번 태풍에 배가 파손되어 새 배(만정호)를 진수하게 되었단다. 통영조선소에서 양화 선착장으로 배를 타고 와서 고사를 지낸다고 함께 축하해 줄 회원들을 공개모집했다. 참석 가능한지 단체카톡에 문자가 왔다.

지난번 추석 다음 날 남해안별신굿을 그곳에 가서 보고는 성황당 숲이 내 마음속에 계속 짠해 있던 차였다. 나는 다시 한번 그 성황당 숲에 가보고 싶다는 생각이 문득 들었다.

  양화에서는 오랜 전통으로 당산 숲에서 마을 대대로 별신굿을 하였고, 그동안 오랫동안 끊겼다가 33년 만인 2022년 추석 다음 날에 다시 복원하였단다. 그 별신굿을 하는 걸 보고 나는 이 양화라는 마을과 성황당 분위기에 흠뻑 빠져 있었던 것이다. 거제에서 태어나 거제 곳곳에 안 가 본 곳이 별로 없다고 자부하고 있었는데, 그곳을 처음 가 보다니. 이날도 이장이면서 만정호의 선주이기도 한 채봉식 배 진수식에 이점저점 참석하였던 것이다. 이장님의 카톡문자로 과도한 부조는 정중히 사양한다는 말을 곳이 곶대로 믿고 와인 한 병만 달랑 치켜들고 가게 된 것이다. 새로 진수한 만정호 갑판에 제물을 차리고 용왕님께 만선을 기원하는 절을 선주가 하였고, 회장은 기어코 나를 연장자이면서 계량한복이 딱 어울린다며 축문을 읽어라 했다.

      당산등
      후박나무
      굴참나무 백여 그루
      해금 대금 피리 가야금
      북 장고 징이 울고
      대모님
      마을 안녕을 비는

너스레가 정겹다.

옛 전통

끊겼다가

부활된지 33년 만,

보존회 고향 사랑에

성황당이 춤을 춘다

이장님

내년에 또 올게요

잡은 손이 따습다.

—자작시 〈양화마을에서 – 남해안별신굿〉 전문

　배 고사를 마친 이장님은 우리를 마을의 수호신이 있는 성황당으로 데리고 가더니 중앙에 위치한 250년 된 후박나무 당산 신께 또 잔을 부어놓았다. 김범경 회장이 손수 지은 축문을 다시 한 번 내가 읽었다. 나는 특별히 목청을 가다듬어 성황당 신께 정성을 드려 축문을 읽었더니, 목소리가 죽인다며 모두들 립서비스로 한 마디 씩 했다. 우리들은 성황당 둘레에 고수레를 하고 음복술과 차린 음식을 나눠먹었다. 그러고도 채봉식 이장이 우리를 그냥 보내기가 아쉬웠던 모양이었다. 이렇게 우리 배 진수식에 회장님이하 귀한 걸음 해주셨는데 그냥 헤어지기 뭐 하니, 자기가 분위기 있는 커피 집에서 차 한 잔 대접하겠단다.
　야자수와 열대나무가 어우러진 이국적인 해변 분위기와 전망 좋은 커피숍에서 나는 아메리카노를 시켰다. 바다풍광을 감상하며 커피를 마시고 있는데, 내 앞에 앉은 홍춘희 선생이 느닷없이 나에게 질문을 던졌다. "김 선생님도 바다수영을 할 줄 아세요?" 하고 묻는 것이 아닌가. 아마 내가 수영하고는 거리가 멀어 보였나보다. 나는 엉겁결에 받은 질문이라 한참 생각하다가 아, 나는 바다수영이라는 것은 특별히 해보지는 않았습니다. 다만 군대 가기 전 멸치배(기선권현망)를 탔는데, 실수로 바다에 빠져 내 의지와는 상관없이 생사의 갈림길에서 어둠이 짙어가는 망망대해에서 헤엄을 쳐 본 적이 있다고 말했다. 어떻게 된 사실이냐고 매우 궁금해 하기에 커피를 홀짝 홀짝 마셔가며 기억을 더듬어 이야기를 해주었다.

한산도 어느 섬으로 기억된다. 마지막손(투망한 거물을 마지막으로 꺼집어 올림.)을 하고 정박지인 항구로 전속력으로 들어오는 중이었다. 내가 선실 뒤쪽에서 차곡차곡 멸치 삶는 발에 쪽지(멸치 뜨는 채)로 멸치를 퍼 담아주던 일을 담당했기 때문에 마지막 정리작업을 남아서 하고 있었다. 널빤지 칸막이에 묻어 있는 멸치 비늘을 보도리 솔로 씻고 두레박으로 물을 길어 씻었다. 본선에서 잡은 멸치를 나마가이다(전마선)가 하이끼미(멸치 담은 그물) 거물을 끌고 와서 멸치를 불배(가공선)에 퍼 올리도록 구멍하나가 나 있었다. 평소에는 그 '후다'를 나무덮개로 덮어놓았다. 나는 마지막 마무리 할 요량으로 갑바와 장화로 중무장한 채로 가랑이를 쩍 벌리고 후다 가장자리를 밟고 섰다. 타래박을 던지는 순간 배의 속력에 그대로 발이 미끄러져 구멍 속으로 빠지고 말았다.

순식간에 일어난 일이었다. 떨어지는 순간 '아, 나는 이제 죽는구나!' 배는 전속력으로 숙박지 항구를 향해 달리고 있었다. 갑바와 장화를 신은 상태였기에 몸은 무겁고 둔했다. 그래도 스크루에 빨려 들어가 감기면 죽는다는 말을 얼핏 들었기에 바깥쪽으로 죽을힘을 다해 헤엄을 쳤다. 혼자 갑판에 남아서 마무리 작업을 하고 있었기 때문에, 아무도 내가 빠진 것을 본 사람은 없었다. 절망적이었다.

그런데 내가 살려고 그랬는지 선장이 내가 작업하고 있는 것을 키를 잡으면서 뒤 창문으로 한 번씩 슬쩍슬쩍 쳐다보고 있었던 모양이었다. 선장의 책무를 다하였던 것이었다. 그런데 한참 가다가 뒤를 돌아보니 조금 전까지 작업하고 있던 내 모습이 보이지 않더란다. 이상하다 싶어서 고개를 옆 창문으로 쑥 내밀고 뒤를 확인해보니 사람이 간 곳이 없더란다. 혹시나 하는 마음에 멀리 뒤쪽을 바라보니 까마득히 점하나가 어둠이 깔려오는 바다에 잠겼다가 떴다가 하더란다. 급하게 비상벨(땡그라시)을 쳐서 비상상황 발생을 알렸고, 무슨 일인가 하고 무두 선실에서 밖으로 뛰쳐나왔다.

선장님은 360° 배를 회전시키며 '사람이 바다에 빠졌다!'라고 소리쳤다. 망망대해에 얼마나 떠있었는지 어디로 헤엄을 쳐 가야할지도 모르고 마냥 내가 빠졌던 배를 향해 헤엄을 치고 있었지 싶다. 그러는 사이 야속하게 멀리 살아져가던 우리 배가 구세주모양 나 옆으로 다가왔고, 그때 동료이자 친구인 박선석이가 밧줄을 던져 주었다. 수상스키를 타듯이 물살을 가르며 줄을 잡고 올라와 살수가 있었다. 그때 선장님이 유심히 관찰해서 나를 보지 않았더라면 항구까지 그대로 갔을 거고, 뒤늦게 없어진 줄 알고 찾아나서 본들 이미 깜깜하게 어두워진 밤바다에 설사 살아서 있었더라도 찾기가 쉽지 않았을 것이다. 지금 생각해도 참으로 아찔한 순간이었다.

다행히 여름이라 수온은 차지 않았다. 정말로 구사일생으로 무사히 항구로 돌아갈 수 있었다. 그때나 지금이나 어리바리한 나는 많은 같은 선단의 뱃사람들에게 '으이그 저 문딩 큰일 날 뻔했다.' 하는 염려 섞인 농반 진담반의 염려 섞인 인사를 받았다. 그나마 전마선 선장 아저씨가 "김군 너거집 독탕 한 번 크더라!" 하며 빙그레 웃으며 조크를 던지던 모습이 눈에 선하다.

그때 밧줄을 던졌던 친구는 외항선을 거쳐 거제 삼성조선소 타코마 선장으로 재직하다 지금은 정년퇴임을 하였다. 두 사람은 수시로 만나고 있다. 고향이 한산도 개목蟻項이라 어구 마을 을지호 선착장에서 고향에 자주 들린다. 마침 우리 집이 오가는 길목이라 간혹 내 차가 있으면 들어와 우정의 차 한 잔 나누고 간다. 항시 나는 그 친구를 보면 당시의 절망적이던 상황이 떠오른다. 그런데 당시 일어났던 일을 아느냐고 물어봤더니 기억을 잘 못했다. 허기사 우리들이 20대 초반이었으니, 세월이 50년 가까이 지난일이니 기억이 안 나는 것은 당연하다. 다만 홍 선생님이 "바다 수영할 줄 아세요?" 하던 그 말 한마디에 나만 옛날 생사의 갈림길에 섰던 기억 속의 흑백필름이 주마등처럼 스쳐 지나간 것이었다.

다 듣고 난 회장님이 "이 사실은 선생님 수필집에는 없던데요?" 한다. 하도 지난 과거사뿐만 아니라 신변잡기를 수필로 많이 쓰다

보니, 다들 식상해 했다. 다시는 안 쓰려고 했는데, 결국에 또 쓰고야 말았다. 그러고 보니 나는 바다수영보다 더 험난하고 목숨을 건 생존수영이라는 것을 해 본 것이다. 생각 난 김에 친구에게 안부전화 한번 해봐야겠다.

김현길
거제시 둔덕 출생. 2005년 《시사문단》 시, 2013년 《수필시대》 수필, 2015년 《현대시조》 시조 등단. 시집 《홍포예찬》 《두고 온 정원》 《나의 전생은 책사》, 장편소설 《임 그리워 우니다니》. 거제문협 이사, 동랑청마기념사업회 부회장

거제도 의령옥씨 장학회를 찾다

거제시 관내 공익법인 장학회는 거제교육지원청에 8개 등록되어 있으며, 성씨 장학회는 재단법인 의령옥씨 장학회와 재단법인 창녕조씨 장학회가 있다.

의령옥씨 장학회는 1986년 옥처홍 의령옥씨 대종회장 사재 2천 2백만 원과 서울지구 종회와 종친들이 출연한 3천 6백 5십만 원의 기금으로 1987. 1. 1일 의령옥씨 장학회로 설립되었다.

의령옥씨 장학회는 대종회에서 8년간 운영하다가 1995. 3. 28일 재단법인 의령옥씨 장학회 (비영리 공익법인)로 경상남도 교육청의 법인설립인가를 받았다. 의령옥씨 장학회의 임원 정수는 이사 6명, 감사 2명으로 운영되고 있으며, 장학회 소재지는 거제시 연초면 죽토리 45-2 죽천사 내 죽천재에 두고 있다.

재단법인 의령옥씨 장학회 사무소를 죽천재에 둔 것은 죽천사는

의령옥씨장학회가 위치한 죽천사

임진왜란 때 공을 세운 호조참의로 증직을 맡은 죽천공 옥신변 외 옥문사현인 해월당공 옥무헌, 양정공 옥삼현, 죽계공 옥찬헌, 경암공 옥대용을 봉안한 사당으로 매년 10월 중정일에 거제향교 주관으로 향사 봉행을 하다가 2019년 11월 코로나19 발생 후 지금까지 후손들이 향사를 봉행하고 있는 곳이다.

또한 죽천공 옥신변 외 그 후손의 묘소는 연초면 송정리 장좌골 충해공원묘지 입구에 있는 산소 벌초는 거제 옥청회 주관으로 매년 추석 전주 일요일 새벽에 장학회, 거제종회, 죽천사회 등 종친 30여 명이 참석하여 벌초 작업을 하고 예를 올리고 나서 죽천사로 이동하여 경내 풀베기와 환경정비 작업을 마친 후 거옥회(거제옥씨 부인회)에서 정성껏 마련한 아침을 먹고 내년도 벌초 작업, 죽천사, 육일각 향사, 의령옥씨 의춘사 향사 및 대종회 정기총회, 의

의령옥씨장학회 회원들

춘군 산행대회 등 각종 행사에 더 많은 종친들의 관심과 참여를 하자고 의견을 모으고 제반 사항을 협의한다.

의령옥씨 장학회 초대 이사장은 옥처홍(2년), 2대 옥치돈(3년), 3~5대 옥치화(7년 6개월), 6대 옥정표(4년), 7~8대 옥건수(5년), 9~11대 옥치기(8년), 12~13대 옥치군(2020.6.18 ~ 현재까지) 이사장이고, 이사는 옥유만, 옥영, 옥만호, 옥정호, 옥윤석이며, 감사는 옥영기, 옥경석이고, 사무국장은 옥차영이다.

의령옥씨 장학재단의 장학기금 기부금은 2024년 10월 현재 4억 6천만 원으로 의령옥씨 대종회 외 12개 단체에서 2억 1천 7백만 원이고, 전국의 종친 60명 2억 4천 3백만 원이다.

장학금은 1989년부터 2024년까지 장학생 355명에 2억 2천 7백 7

장학회 행사 중인 옥씨 종친들

십만 원 지급하였고, 12월 현재, 장학기금 잔액과 이자를 포함하면 5억 원에 이른다.

이것은 전국의 많은 종친들이 장학재단에 큰 관심과 사랑이 있었기에 가능한 일이라고 생각된다. 이사장을 비롯한 이·감사는 종친들에게 고마운 마음을 전한다.

의령옥씨 장학재단의 장학기금 관리는 기본재산과 보통자산으로 구분하고 최근 장학회 정관을 개정하여 금융기관에 이사장과 이사 등 2명 공동계좌로 투명하게 관리되고 있으며, 장학기금의 수입과 지출사항 등 1986년부터 2024년 10월 현재까지 네이브 의령옥씨 장학회 블로그에 매일 등록하여 누구나 볼 수 있도록 하고 있으며, 또한 장학회 운영보고, 장학기금 기부 및 장학금 지급 내역 등 블로그 등록하여 운영되고 있다.

의령옥씨 상징탑 앞에서

　의령옥씨 대종회와 의령옥씨 장학재단의 주요행사 등 장학회 블로그, 대종회 밴드, 지역신문을 통하여 수시 홍보하고 있다.
　의령옥씨 대종회는 2016년 3월에 대전 뿌리공원 내 유등천 산기슭(만성산)에 의령옥씨 상징탑을 세우면서 의령옥씨의 유래, 옥씨 종족의 노래, 종훈, 의령옥씨의 6개 종파를 의미하는 6권의 책으로 펼쳐진 비석에 협찬자 1,037명(1억 3천 6백만원 모금)과 대종회 임원 명단이 새겨져 있으며, 상징탑 안에 의령옥씨 종중의 염원을 담은 발원문이 타임캡슐로 내장되어 있다.
　대전 뿌리공원 유등천 산기슭에 전국 244개 성씨의 상징탑과 유

의춘사 내에 건립된 의령옥씨 장학의 탑

례비를 세우고 매년 10월 대전효문화뿌리축제를 하고 있으며, 의령옥씨 대종회도 이 축제에 몇 차례 참가하여 문중입장 퍼레이드 우수상과 장려상을 수상한 바 있어 종친들 간에 화합과 친목을 도모하고 정을 나누는 계기가 되었다. 의령옥씨 상징탑 건립 당시 전국 종친 1,037명의 협찬금 집행잔액은 의령옥씨 대종회에서 의령옥씨 장학의 탑 건립과 의령옥씨 장학재단에 장학기금으로 출연되었다.

 2016년 11월 6일 의춘사(의령군 대의면 모의로 6길 24-20) 내 건립된 의령옥씨 장학의 탑 전면에는 건립취지문, 후면에는 작품해설과 장학재단의 임원, 좌·우 측면에는 장학기금 출연자, 장학재단 역대 이사장과 장학금 수혜자 명단이 새겨져 있으며, 앞으로도 의령옥씨 장학의 탑에 장학기금 출연자와 장학금 수혜자 명단이 새겨질 것이다.

 의춘사 내 설치되어 있는 의령옥씨 장학의 탑을 본 어느 풍수학자는 산수의 형세나 방위가 한우산을 바라보고 있어 후손의 입신

장학생으로 선발된 학생들과 함께

양명 기대된다고 한다. 의령옥씨 상징탑과 의령옥씨 장학의 탑은 건립 당시 옥형길 대종회장이 구상하고 디자인한 것이며, 옥영관 사업단장의 세부설계로 건립된 것이다.

　의령옥씨 장학생 선발기준은 의령옥씨 후손으로 품행이 단정하고 학업성적이 우수한 국내대학(교) 재학 중인 학생으로 당해연도 1학기 평균성적이 4.5점 만점에 3.5점 이상인 자로 매년 지구종회장의 장학생추천서, 성적증명서, 가족관계증명서, 의령옥씨 임인

대동보 인터넷 족보에 등재된 자에 한하여 추천을 받아 장학회 이사회 심의를 거쳐 장학생으로 선정한다.

장학생 장학금 지급은 매년 10월 네 번째 일요일 의령옥씨 의춘사 향사 및 대종회 정기총회 시 의령옥씨 장학의 탑 앞에서 장학생들에게 장학증서와 장학금을 지급한다.

또한 의령옥씨 장학재단에서 장학기금 기부자에게 의령옥씨 의춘사 향사 및 대종회 정기 총회 시 감사패를 수여하고 있다. 미래를 여는 의령옥씨 장학사업에 많은 관심과 성원으로 장학기금 기부의 손길이 이어졌으면 하는 바람이다.

옥치군
경상국립대학교 대학원 경영학과 석사 졸업. 녹조근정훈장. 정부 모범공무원(국무총리), 행안부 등 장관 표창 5회. 거제시 농업지원과장, 거제면장, 농업지원과장 역임. 현 재단법인 의령옥씨 장학회 이사장, 거제시 농지위원장, 남해안관광신문 기자

거제 스토리텔링북 12집
거제도 섬마을 섬사람 이야기

펴낸날	2024년 12월 30일
지은이	한상균 외
엮은이	서한숙
엮은곳	거제스토리텔링협회
	주간: 옥치군
	편집위원: 심인자, 김명옥, 최대윤
발행처	도서출판 경남
발행인	오하룡
주 소	경남 창원시 마산합포구 몽고정길 2-1
연락처	(055) 245-8818
이메일	gnbook@empas.com
출판등록	제1985-100001호(1985. 5. 6)
ISBN	979-11-6746-174-2-03810

＊이 책 내용의 전부 또는 일부를 재사용하려면 반드시 저작권자의 서면동의를 받아야 합니다.
＊잘못된 책은 바꿔 드립니다.
＊이 책은 경남문화예술진흥원에서 문화예술지원을 보조받아 발간되었습니다.

〔값 15,000원〕

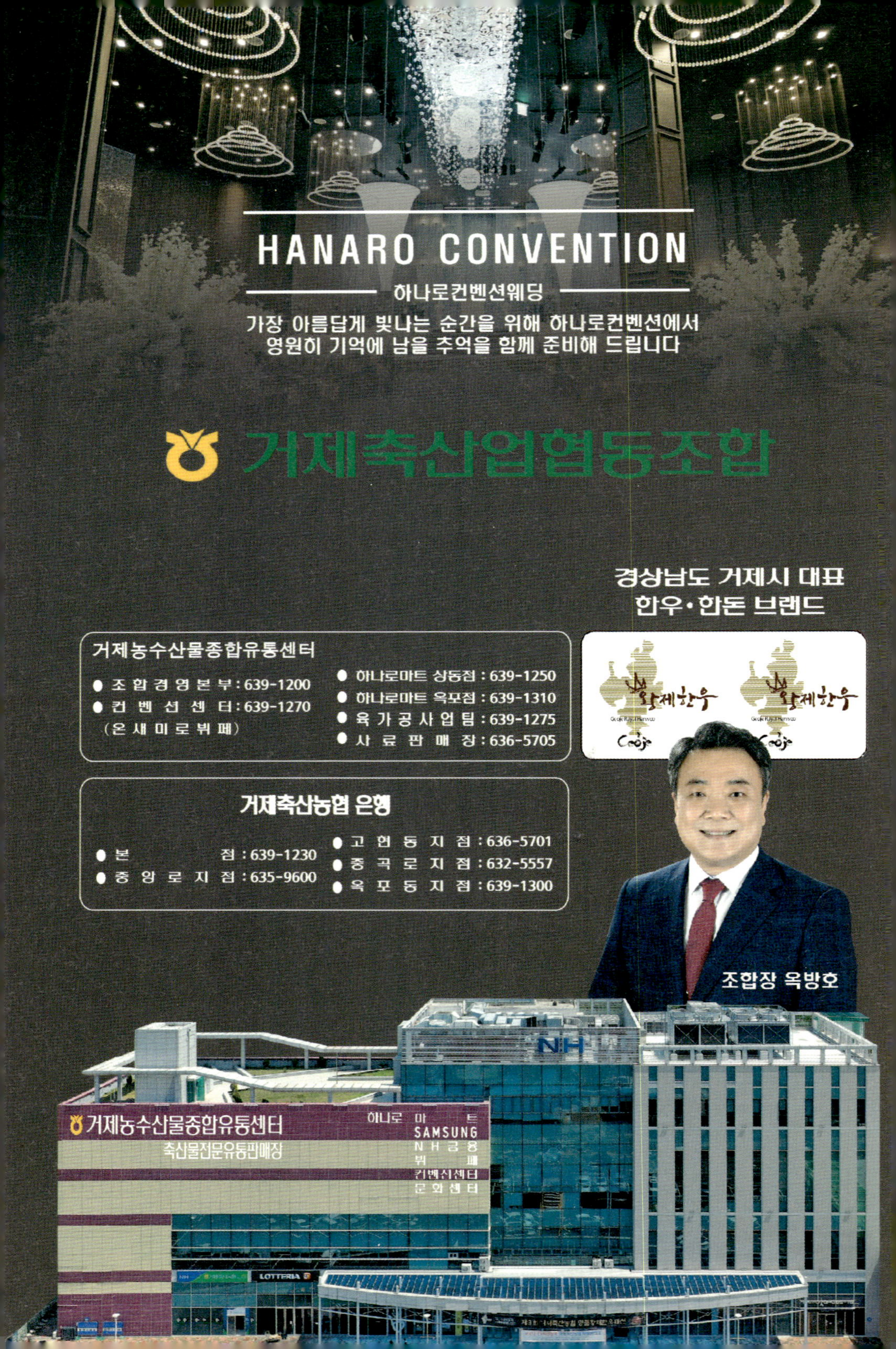

HANARO CONVENTION
하나로컨벤션웨딩

가장 아름답게 빛나는 순간을 위해 하나로컨벤션에서
영원히 기억에 남을 추억을 함께 준비해 드립니다

거제축산업협동조합

경상남도 거제시 대표
한우·한돈 브랜드

거제농수산물종합유통센터
- 조 합 경 영 본 부 : 639-1200
- 컨 벤 션 센 터 : 639-1270
  (온새미로뷔페)
- 하나로마트 상동점 : 639-1250
- 하나로마트 옥포점 : 639-1310
- 육 가 공 사 업 팀 : 639-1275
- 사 료 판 매 실 : 636-5705

거제축산농협 은행
- 본   점 : 639-1230
- 중 앙 로 지 점 : 635-9600
- 고 현 동 지 점 : 636-5701
- 중 곡 로 지 점 : 632-5557
- 옥 포 동 지 점 : 639-1300

조합장 옥방호